一本书读懂
行政管理

肖文键◎著

天津出版传媒集团
天津科学技术出版社

图书在版编目（CIP）数据

一本书读懂行政管理 / 肖文键著. -- 天津 : 天津科学技术出版社, 2017.4（2021.8重印）

ISBN 978-7-5576-2420-0

Ⅰ. ①一… Ⅱ. ①肖… Ⅲ. ①行政管理—基本知识 Ⅳ. ①D035

中国版本图书馆CIP数据核字(2017)第053230号

一本书读懂行政管理

YIBENSHU DUDONG XINGZHENG GUANLI

责任编辑：胡艳杰

出　　版：天津出版传媒集团
天津科学技术出版社

地　　址：天津市西康路35号

邮　　编：300051

电　　话：（022）23332695

网　　址：www.tjkjcbs.com.cn

发　　行：新华书店经销

印　　刷：衡水泰源印刷有限公司

开本 710×1000　1/16　印张16　字数 132 000

2021年8月第1版第7次印刷

定价：45.00元

从一个面试问题说起

记得若干年前，我的一位名校行政管理专业毕业的朋友L君在面试一家心仪的公司时，面试官看着他的简历，然后问了他一个问题："您能用一句话说明白什么是行政管理吗？"

L君原先准备了很多"台词"，诸如在学校社团里如何积极参加集体活动，如何获得奖学金，学习了哪些专业课程，有哪些社会实践经历和经验等，却不料面试官"抛"给他一个如此"小case"（意为"很简单"）的问题。这不由地使L君觉得自己的"满腹经纶"受到了不应有的"质疑"和"挑战"。

就在L君要轻启双唇，给面试官来一场行政管理"科普"的时候，L君突然觉得仿佛一时不知从哪儿说起。是的，什么是行政管理？如何用一句话说明白什么是行政管理？在面临这个问题的时候，虽然L君是行政管理"科班"出身，但还是不由自主地出现了一丝慌乱。

由于L君久学管理方面的"圣贤书"，练就了"喜怒不形于色"的本领，这使得L君尽管支支吾吾地做了答复，包括将行政管理在教科书上的概念"背诵"了一遍，可从神色上来看，L君依旧"不慌不忙"，并且"泰然自若"。然而，面试官终究是"老江湖""阅人无数”，L君的这种自我“掩饰”，未能逃脱面试官的“火眼金睛”。

于是，面试官有所感触地说：“大道至简，浓缩的才是精华。如果一个人不能够用一句凝练的话表达清楚一个概念，那么又怎能谈得上对一个概念有足够深刻的认识呢？”

事实的确如此，那么如何用一句话说清楚行政管理呢？其实，“行政”本身意味着一种组织内部含有上下级别的隶属关系，比如我们平时说的“行政区划”“行政级别”等；“管理”则是对资源（包括人和物）的整合。那么，“行政管理”显然是在某种存在上下级别隶属关系的组织机构内部进行的管理，由于是基于上下级别隶属关系开展的管理，因而这种管理显然具有某种命令性色彩。在实际工作中，行政管理的手段通常包括行政命令、指示、规定、奖惩条件等，体现出维护某种秩序并有序开展的特点。

其实，我们平时在企业中听到的行政管理，包括相关岗位，主要是指“企业行政管理”，“企业行政管理”被我们在企业中简称为“行政管理”。本书讨论的“行政管理”概念指的是“企业行政管理”。正如其字面意思一样，企业行政管理是企业管理与行政管理相结合的产物。其中，企业管理侧重于生产经营，旨在创造利润和效益；行政管理则倾向于企业内部的秩序管理，通过这种秩序管理，促进企业管理更好地开展。同时，企业管理的进步，包括企业效益的提升、规模的扩大等，又会促使行政管理的优化、深入发展，从而使得企业管理与行政管理相得益彰。

总的来说，企业行政管理则是通过行政管理的方法促进企业管理目标的实现。

在实际工作中，假如我们以企业为某一个体系，那么企业内部通常存在多个部门，对于那些集团公司型的大企业，其内部的部门与机构数量则更为庞大。企业要想更好地参与市场竞争，首先要搞好内部管理。难以想象，一个经常“祸起萧墙”的企业，如何集中力量在外部市场中“开疆拓土”。随着企业发展，体积规模逐渐庞大，那么威胁企业发展的内部管理因素就会越来越突出。因此，行政管理往往着力于企业内部多个模块业务的管理，比如人事管理、各方面工作流程与标准管理等。

举例来说，我曾经听说一家在国内规模做得很大的物流集团公司，该公司最早创立于黑龙江省哈尔滨市。在创业初期，由于人少，内部管理相对简单而高效，再加上当时物流行业快速发展，该公司在十几年的时间里就将业务做到了全国。然而，公司规模扩大以后，却出现了一个奇怪的现象：每做一单生意，就要赔钱。

原来，该公司规模扩大后，内部行政结构随之增大，并变得更加复杂，行政层级也随之剧增。据悉，该公司一线业务网点接到客户的一笔订单后，需要经过很多层级审批并上报到总部，经总部批准后才能运输客户的货物，而这其中的行政审批时间就长达近半个月。同时，公司内部行政结构复杂，该公司的行政成本不断攀高，于是公司只得提高物流价格，这又使公司在市场的价格竞争中处于不利位置。该公司内部管理中的流程低效，组织机构臃肿，最终使得该公司在亏损尚且不太严重的情况下，整体出售给了荷兰的一家跨国物流公司，并接受该跨国物流公司的内部管理改造。

实际上，上述例子就是企业行政管理失败或受挫后对企业造成灾难性后果的一个案例。可以说，任何充满活力的、效益良好的企业，总与其健康的内部行政管理息息相关；同样，一个效率低下、经营不善的企业，必然与其内部行政管理状况不佳有着不可分割的关系。

基于此，越来越多的企业开始重视行政管理工作。我们平时听说的“总经理”“总裁”“CEO”（Chief Executive Officer，首席执行官）便是企业内部行政管理体系中的最高职务，往往也是企业经营中的最高或高级职务，可见企业对行政管理工作高度重视。

与此同时，企业越来越多地需要优秀的行政管理人才，并且注重对优秀行政管理人才的培养。鉴于此，我们本着实用的宗旨，编写了本书，希望能给有志于在企业行政管理领域发展的读者朋友（尤其是准备从事行政管理工作或工作经验在三年以内的行政管理人员）带来更多帮助，也给企业培养行政管理人才提供优质的书籍。

总的来说，本书注重实用性，从实战角度对行政管理工作进行全方位的阐述，书中的不少表单、模板类工具可以供读者朋友拿来即用或稍改即用。全书采取总分结构，从行政管理总的概念开始，对行政管理中的各个业务模块进行了深入浅出、循序渐进的论述，语言风格朴素而生动，用语贴切，有图、有表、有案例，还有企业名人对行政管理的总结，内容可谓兼备“高端大气上档次，低调奢华有内涵”，是行政管理领域不可多得的阅读佳品。

最后，鉴于笔者水平有限，书中难免会有疏漏，希望读者朋友予以指正，谢谢！

肖文键

2016年10月8日

目录 CONTENTS

第一章 走进行政管理

第二章 行政人事管理

第三章 会议接待管理

第四章 办公环境管理

第五章 印章文书管理

第六章 后勤服务管理

第七章 财产物资管理

第八章 安全保障管理

第九章 法律事务管理

从狭义上讲，行政管理是指国家行政机关对社会公共事务的管理，比如，政府部门的工商管理、税务管理、民政管理、公共安全管理、教育管理等均属于行政管理的范畴。从广义上讲，行政管理是指一切社会组织和团体（包含企业）对有关事务进行管理的社会活动。举例来说，在一个企业内部，通常会建立一套分级管理架构，会有专职部门或个人负责对员工进行考勤，营造适宜的办公环境，进行会议组织，管理印章与档案资料等，这些行为和举措均属于企业行政管理的范畴。

本书采用行政管理的广义概念，专门对其中的企业行政管理进行研究与阐述。提到“研究”字眼，读者朋友别急，这可不是传统的板着脸似的“研究”，而是轻松、愉悦，带着一点儿诙谐色彩的研究，保证您在这场阅读之旅中有一个全新而充实的体验。

行政管理的真相

企业行政管理既非一般的政府行政管理，又非常规意义上的企业管理（Business Management，侧重于企业的业务管理），而是为保障企业经营管理目标的实现，由企业行政组织及人员按照既定的行政渠道，采取一定的行政手段，实施的事务处理、统筹协调、服务保障等保证企业经营活动正常开展的、带有内部公共性的企业管理活动。其中，行政渠道主要指企业行政组织机构内上下级的领导与被领导的隶属关系；行政管理的手段通常包括行政命令、指示、规定、奖惩条件等。

一般来说，企业的行政管理堪称企业的中枢神经系统，它通常以总经理为最高领导，由行政副总分工负责，由行政部门组织实施、操作，其触角深入企业的各个部门和分支机构的方方面面。

在企业中，行政管理之外的工作均是某个方面的“业务”，从事这些业务的部门常被称为“业务部门”。在实际工作中，行政管理推动和保证企业的技术（设计）、生产（施工）、资金（财务）、经营（销售）、发展（开发）等多种业务有效实施与协调。

实际上，企业行政管理并非凭空产生的，而是企业参与社会化大生产及市场的客观要求。随着生产分工的日趋专业化和细分化，企业需要在内部生产经营流程的各个环节中最大限度地实现协调一致，否则业务部门之间各自为政，会使企业的各项生产经营目标因缺乏组织性而难以实现。所以，企业内部就需要一套具备强制力的权威与服从机制，即行政管理，进而实现企业内部的有效管理。

举例来说，在一个工厂内部，以厂长为首的行政管理系统运用行政手段，把企业内部的各环节、各部门联合成一个健康、有序的有机体，并通过各种行政管理手段有效地组织企业开展生产经营活动，这也是保证企业经营目标顺利实现的重要保障。在一个企业内部，假如没有建立一套完备的行政管理体系，那么又将如何推动企业经营活动的开展？

有一个故事，说的是“一个和尚挑水喝，两个和尚抬水喝，三个和尚没水喝”，人数由少到多，为什么没有自然而然地出现“人多力量大”的情况，反而出现“人多没水喝”的尴尬局面？一个重要的原因是，人群内部缺失行政管理，责任不明确。假如在三个和尚中，引入行政管理机制，采取轮流打水等措施，奖惩得当，那么三个和尚就变成了有组织的团队，各项工作也便于有条不紊地开展。

那么，企业在实施行政管理活动时，要注意哪些问题呢？

（1）实行和完善行政首长（如总经理、CEO、厂长）负责制，建立以其为首的指挥系统是行政管理的基础。行政首长的职责和权限需要明确，保证其有足够的行政权力和必要的权威；行政首长的管理措施还要有可靠的执行保障；为行政首脑配以高水平的咨询机构（俗称“智囊机构”），从而保证其管理措施不致因考虑欠周或个人判断失误而产生负面影响。

（2）合理选择和设计行政组织架构。一般来说，行政管理最忌机构庞杂、人浮于事、环节繁多、内部沟通不畅，造成行政管理效率低下等弊病。可以说，合理选择与设计行政组织架构与科学化的行政管理密不可分。

（3）选拔优秀的行政管理人才。行政人员一般要具有良好的个性、心态和健康的身体素质，还要有出色的信息处理能力、分析综合能力、沟通协调能力等。从某种程度上来说，优秀的行政管理人才是现代企业行政管理制胜的重要法宝。

（4）确立正确引导、准确评价与适当奖励相结合的激励机制。企业行政管理的效果在很大程度上取决于被管理者能否积极、有效的配合，所以，对人的管理是企业行政管理的核心工作，为此，企业要建立有效的激励机制，这是对人实施有效管理的重要保障。

（5）讲究行政管理的艺术性。行政管理往往依托于制度的保障，然而在管理实践过程中，行政人员面对的却是活生生的个体，因此，行政人员要注重被管理者的心理因素，讲究说话艺术，善于把行政命令转化为企业员工的自觉行动。

话说行政管理的目标

有效地组织企业的生产经营活动，离不开一套具备强制力的权威与服从机制，即行政管理，否则，企业的各项生产经营目标会由于缺乏组织性而难以实现。举例来说，企业内的各种业务和职能部门如果缺乏有效的协调，或者不听号令、各自为政，那么企业的整体经营目标必然受损。

因此，行政管理的目标是提高行政活动的效率，协调并不断改善行政主体与客体的关系，实现行政活动所期望的效果，从而更好地支撑企业经营目标的实现。其中，行政主体是企业内享有并行使行政职权的部门或个人，行政客体则是被管理与协调的部门或个人。

在实际工作中，随着企业业务范围的扩展、经营规模的扩大、企业行政人员数量的不断增加，行政组织架构往往也会日益庞大。在这种情况下，企业就需要制定科学的行政管理目标，从而使行政管理的一切活动循着既定的轨迹进行，最终达到预期的效果。

一般来说，企业行政管理的目标来自于生产经营活动和行政管理自身的要求。生产经营活动要求的行政管理主要侧重于正常组织经济活动，包括生产、销售和财务管理以及公关、劳资关系等。可见，企业行政管理的目标仍属于企业生产经营的范畴，做好企业的行政管理工作，在根本上是为了促进企业生产经营的成功。

企业在制定行政管理的目标时，需要遵循以下原则。

（1）根据实际情况，实事求是。具体来说，一是立足于实际需要，要“接地气”；二是立足于未来，对未来的情况要进行科学的预测，要让目标有一定远见；三是立足于自身，量力而行，让目标具有可操作性。

（2）目标必须明确，不能模糊不清。具体来说，目标应明确规定要做什么、怎么做、做到什么程度以及实现目标的具体时间、完成目标时的具体成果或标准等，从而使执行者看得清、摸得着，操作起来不走样。

（3）局部服从全局，以大局为重。一般来说，某一行政组织或部门的行政管理目标应与更大范围或更高一级组织的行政管理目标一致，不能与之相悖。在实际工作中，有些行政管理目标在局部看来是可行的，但在全局看来却弊大于利。比如，有些企业内负责成本控制的部门“严控”采购价格，看似“节约”了成本，结果采购的材料不够优质，反倒影响了产成品的质量，进而影响了产品的销售情况，从而在一定程度上阻挠了企业整体销售目标的实现。

（4）目标完备性的原则。行政管理目标通常表现为一个体系，不仅规定目标是什么，还规定达到目标的途径和步骤以及合理控制实现目标的进程。比如，企业内部的行政组织不仅规定管理的目标是什么，还会规定具体操作的流程和考核标准是什么。我们以行政部中关于接听电话的工作为例，接听电话的目标是信息沟通、向外界传递企业的良好形象；工作流程为待电话响3声时再接，电话沟通中要语言规范、语音清晰、语速适中，同时做好记录，结束通话时要礼貌道别；考核标准是操作流程不规范即为不达标。这样，行政管理的目标有明确的定义、操作流程、考核标准，也就具备了扎实的可操作性。

（5）突出重点的原则。企业在制定行政目标时，不能平均用力，而应突出重点，懂得轻重缓急，只有这样，整个行政管理工作才能分步骤、有节奏、更好地实现管理目标。

那么，制定明确的行政管理目标对企业有什么意义呢？

首先，行政管理目标是一切行政管理活动的依据和出发点，各项行政管理活动也要以实现目标为终点，紧紧围绕目标开展工作。管理目标决定管理活动的方向和性质。举例来说，行政管理的一项目标是节支增效，那么，在实践中，各项行政管理活动的出发点和落脚点就要考虑节支增效目标的实现效果。

其次，目标是一面旗帜，有助于统一人们的意志，为不同层次的行政管理者和工作人员规定行动的纲领，便于调动广大行政工作人员的积极性和主动性，引导人们为实现目标而奋斗。

最后，行政管理目标是考核行政领导和行政人员的客观标准。也就是说，衡量一个行政人员的优劣主要看其完成目标的情况。管理目标的实现是管理者综合能力运用的结果。

企业的常见行政组织架构

我们在了解企业行政组织的架构以前，要先了解企业组织架构。这是因为，企业行政组织通常是企业组织中的一部分，企业的行政管理体系是企业人员、物资、信息等若干资源调配的中枢。那么，企业的行政组织在企业内部处于什么样的位置，并与其他部门有怎样的关系？这就需要我们对企业组织架构有足够的了解。

一般来说，企业常见的组织架构类型可以分为有限公司制、分公司制、子公司制、连锁制和事业部制。下面逐一了解这5种企业组织架构。

有限公司又称有限责任公司，是指符合法律规定的股东出资组建，股东以其出资额为限对公司承担有限责任，公司以其全部资产对公司的债务承担责任。我国《公司法》规定，有限公司股东人数为2～50人。在实际工作中，有限公司是最常见的组织架构形式。由于有限公司从事的业务种类不同，其组织架构类型又可分为生产型、销售型、地产型、科技型、物业型、物流型、文化传媒型、装饰型等。在此以科技型公司为例，其组织架构如图1-1所示。

分公司是指在业务、资金、人事等方面受本公司管辖而不具有法人资格的分支机构。根据我国《公司法》的规定，分公司不具有企业法人资格，其民事责任由总公司承担。分公司在名称上虽有公司字样，但没有自己的资产，以总公司的资产对分公司的债务承担法律责任。分公司无自己的章程，分公司名称也只是在总公司名称后加上分公司字样，并非真正意义上的公司。

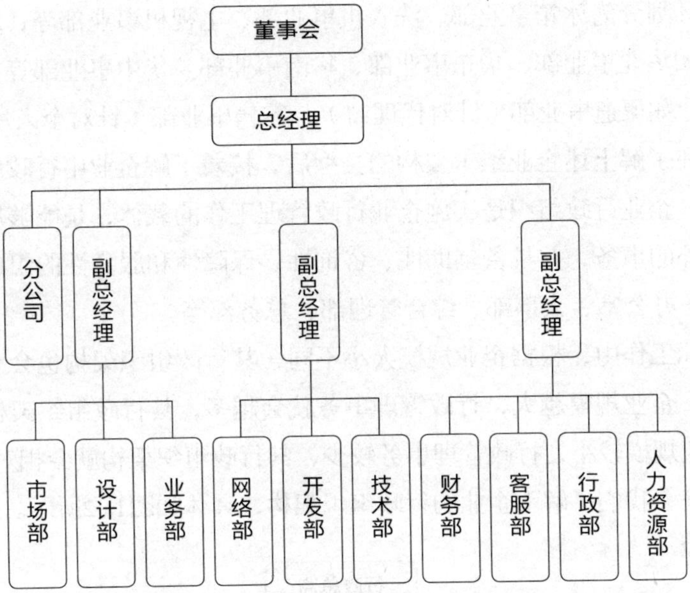

图1-1 科技型公司组织架构示意图

子公司是指一定数额的股份被另一个公司控制或依照协议被另一个公司实际控制和支配的公司。子公司具有独立的法人资格，拥有自己的资产、公司名称、章程和董事会，对外独立开展业务和承担责任，但涉及公司利益的重大决策或重大人事安排，仍要由母公司决定。

连锁制是经营同类商品或服务的若干个企业，以一定的形式组成一个联合体，在整体规划下进行专业化分工，并在分工基础上实施集中化管理，把独立的经营活动组合成整体的规模经营，从而实现规模效益。连锁制组织架构在服务行业的应用相当广泛，生活中常见的麦当劳、肯德基、沃尔玛、家乐福等企业采取的就是连锁制组织架构。

事业部制是以某个产品、地区或顾客为依据，将相关的研究开发、采购、生产、销售等部门结合成一个相对独立单位的组织结构形式。各事业部有各自独立的产品或市场，在经营管理上有很强的自主性，实行独立核算，是一种分权式的管理结构。一般情况下，事业部是拥有经营自主权，实行独立经营、独立核算的部门，是受公司控制的利润中心。

事业部通常有三种划分方式：一是按照产品划分，比如很多家电企业采用事业部制，划分为冰箱事业部、洗衣机事业部、电视机事业部等；二是按照区域划分，如华北事业部、华东事业部、华南事业部、华中事业部等；三是按照客户划分，如渠道事业部（针对代理商）、零售事业部（针对个人用户）等。

我们在了解上述企业组织架构的类型后，接着了解企业中行政组织架构。一般来说，企业行政组织是实施企业行政管理工作的载体，是能够反映企业经营业绩之外的事务，并具备辅助性、咨询性、保障性和服务性的组织机构，比如行政部、办公室、人事部、综合管理部、总务部等。

在实际工作中，根据企业规模大小不同，其行政组织架构也会有所区别。一般来说，企业规模越大，行政管理事务就会越多，其行政组织架构就会相对复杂；企业规模较小，行政管理事务较少，其行政组织架构就会相对简化。

接下来，我们了解下企业的行政组织架构，具体如图1-2所示。

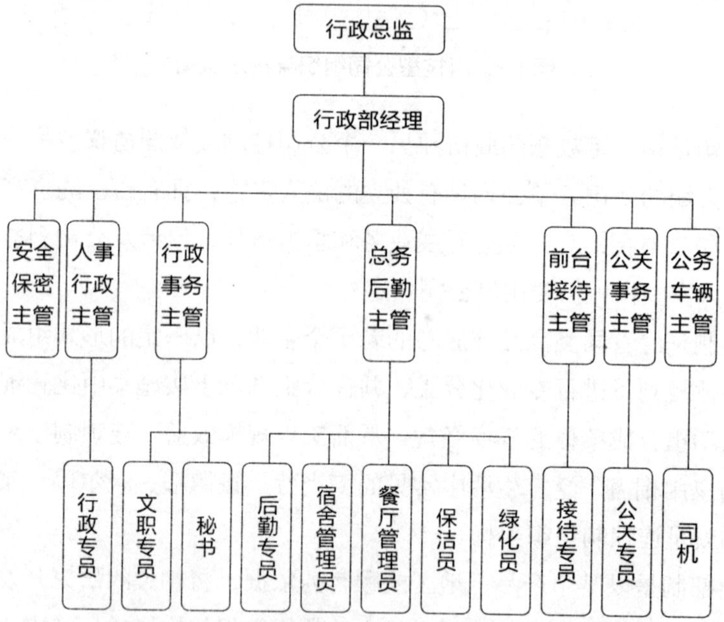

图1-2 根据职能分类的企业行政组织架构示意图

通过图1-2，我们可以看到企业的行政组织中，存在一系列行政岗位。一般来说，不同企业的行政岗位的数量和名称也会有所不同。通常情况下，企业内部的行政组织被称为“行政部”。

行政管理岗位大揭秘

在前面已经提过，企业不同，其相应的行政管理岗位名称也会有所区别。这里以常见的7种行政管理岗位为例，对这7种行政管理岗位的工作职责情况予以了解。为了便于比较这7种行政管理岗位之间的关系，我们以表格的形式来呈现，见表1-1。

表1-1 常见行政管理岗位职责简介

岗位序号	岗位名称	所属部门	直接上级	直接下级	岗位职责举例
1	行政总监	行政部	总经理	2	全面负责公司行政工作的管理；完善、健全公司各项规章制度并监督执行，以推动公司规范化流程管理；负责公司整体行政、商务等相关事务的管理维护工作；负责协调各行政管理业务流程，对内协调各部门关系，全面支持企业运作；负责公司各项对内、对外大型活动的组织与管理，对外协调政府等公共关系；根据公司发展规划开展商务拓展与支持工作，制定商务政策、管理制度并制订规范及流程与实施方案、合同；负责公司资产管理、购置、合理安排使用

续表

岗位序号	岗位名称	所属部门	直接上级	直接下级	岗位职责举例
2	行政部经理	行政部	1	3、4、5	负责人事招聘；负责公司总经理办公室日常的管理工作；负责会议和来宾接待；负责前台工作资料的分类、保存、归档管理工作；负责公司文书起草及公司传真、快递的收发工作；负责公司会议室的日常管理和使用，并按要求对会议筹备进行前期准备工作；负责办公用品、礼品、卫生用品等物品的采购和日常管理工作
3	行政事务主管	行政部	2	6、7	起草和修改报告、文稿等；及时准确地更新员工通讯录，管理公司网络、邮箱；负责日常办公用品采购、发放、登记管理，办公室设备管理；员工考勤系统维护、考勤统计及外出人员管理；保证前台所需物资充足（如水、纸、设备、耗材及报销单据表格等）及费用结算
4	总务后勤主管	行政部	2	后勤干事	负责企业办公用品采购，办公环境卫生与办公场所资产，人员安全维护，本部及区域食堂正常运行，油卡充值，宿舍水、电、燃气缴费等后勤保障事项；负责企业车辆管理；负责企业劳保用品的采购组织与相关事项办理；负责日常招待相关事项；负责外部公共关系维护工作

续表

岗位序号	岗位名称	所属部门	直接上级	直接下级	岗位职责举例
5	法律事务主管	行政部	2	法务干事	负责重要规章制度、重大决策和重要合同的合规性审核，提出法律意见，并参与尽职调查工作；管理公司合同，按时收集整理归档、负责建立和管理合同台账；负责合同履约情况的跟踪和汇总；负责处理诉讼、听证等法律事务，解决法律纠纷；参与合同中涉及法律相关内容和流程的制订
6	行政秘书	行政部	3	暂无	负责公司前台接待及电话转接记录；接待并引导公司的来访客人；负责收发传真、信件、包裹与快递以及与快递公司的联系；负责差旅预订（员工出差机票、酒店预订）及办理相关费用结算；文件整理归档及办公用品订购管理等工作；负责监督及统计员工考勤；协助行政经理处理日常接待和办公，完成上级领导交办的其他工作；协助业务部门的日常报销和出差安排；完成领导安排的其他临时工作

续表

岗位序号	岗位名称	所属部门	直接上级	直接下级	岗位职责举例
7	档案管理员	行政部	3	暂无	负责管理公司各个部门产生的档案材料，包括文件材料的接收、整理，档案的提供与运用等；建立和完善档案管理的相关制度；维护公司档案的历史真迹，确保档案的真实性和安全性，据实用档，切实履行保密义务；完整接收各部门移交的档案，对未及时移交的档案资料主动向使用或产生该档案的部门催收；做好公司档案编研工作，整理公司大事记，为公司宣传工作提供数据和信息；完成领导安排的其他任务

通过表1-1，我们能够对一些常见的行政岗位有一定了解。对行政管理工作而言，提高效率是一个内在要求，为此，行政管理工作通常伴随一定的流程与考核标准，从而提升行政管理水平。

说一说流程设计与考核标准

在生活中，做很多事情都需要具备一定的流程，科学的流程不仅关系到做事的质量，还关系到做事的成败。在著名笑星周星驰主演的电影《武状元苏乞儿》中，苏乞儿（周星驰饰演）被赵无极废了武功，苏乞儿的父亲（吴孟达饰演）为了让儿子练成打狗棍法，便含泪狠心地把苏乞儿关到一个有很多狗的密室里，由于苏乞儿的父亲忘记给苏乞儿一根打狗棍，结果苏乞儿不但没有打狗棍去打狗，无法练习打狗棍法，而且被一群狗追着猛咬，最终苏乞儿被狗咬得伤痕累累。

当然，《武状元苏乞儿》中的很多情节具有搞笑似的励志色彩。在苏乞儿的父亲组织苏乞儿练习打狗棍法的流程中，由于忽略了给苏乞儿一根打狗棍，苏乞儿的父亲策划与组织的这场逼儿练习打狗棍法的戏草草收场。

其实，在实际工作中，我们是否也会因为考虑不周而使得流程执行质量大打折扣呢？比如，公司领导安排你去机场迎接一位客人，结果到了机场，你却发现领导没有给你要迎接客人的联系电话，当你急忙给领导打电话询问时，却发现领导的手机无人接听；当你终于拨通领导电话时，可能等来的却是领导一句："客人已经自己打车到公司了！"这时，作为行政人员的你，恐怕心里有些不是滋味，你的做事能力或许也会因此在领导心目中打些折扣吧。

可见，要提高行政管理工作的效率，就需要设计工作流程、优化工作流程，从而确保事件的高效执行。我们接下来以采购办公用品为例，了解该事项的工作流程，具体如图1-3所示。

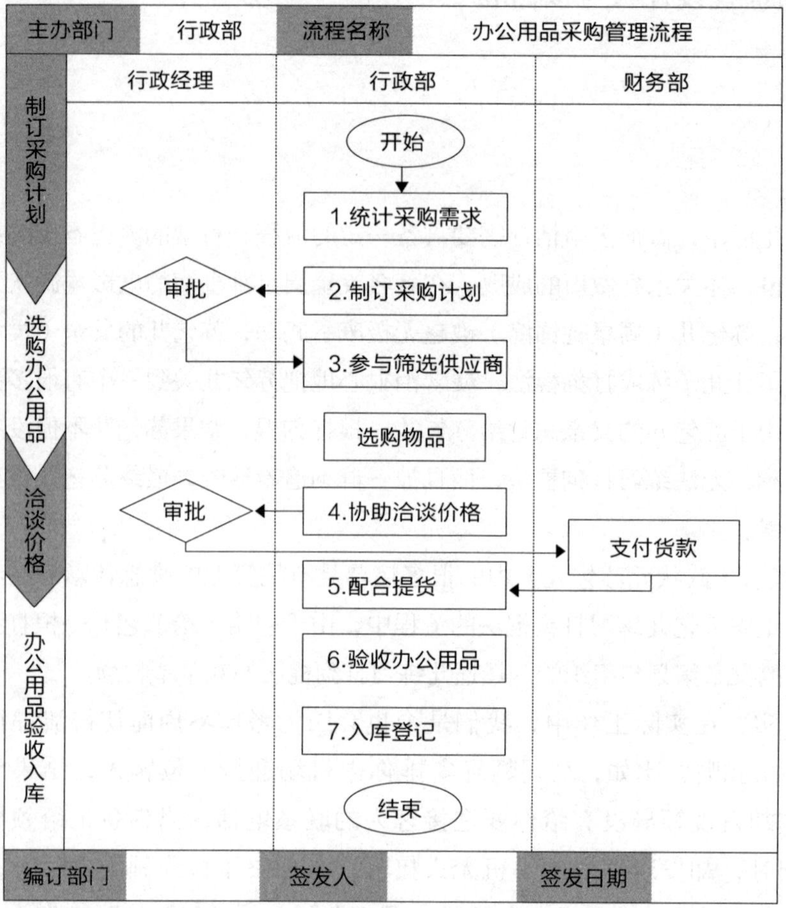

图1-3 办公用品采购管理流程示意图

在图1-3中，行政人员通过查看流程图，可以快速操作待办的相应事项，从而在第一时间内做对的事情。可见，流程设计可以指导工作人员快速理清思路，提高工作效率。

流程图解决了我们“怎么做”的问题，明确了做事的步骤，可是，仅掌握做事的步骤，不一定就能把事情做好，因为还要掌握做事的标准，这样才有可能把事情做得完美无缺。我们以图1-3为例，行政人员在统计办公用品的采购需求时，应该怎样统计？这通常会涉及有关统计表格。制订的采购计划应该包括哪些信息？比如要包括采购时间、采购人员、采购方式、采购预算等。在参与筛选供应商、协助有关部门洽谈价格时，需要注意哪些问题？另外，在配合相关部门提货时，要检查所采购的办公用品的质量、数量有无问题；在进行办公用品入库登记时，要统计清楚实际入库数量、入库时间、入库经办人等信息。

著名管理学大师彼得·德鲁克曾说："没有考核就没有管理。"在行政管理中，设计工作流程，有助于理清工作思路；制定考核标准，则是为了明确实际操作是否达标，并将此标准作为企业对具体操作人员的考核依据。这样有助于提高行政管理工作的质量和效率。

到现在为止，我们基本上懂得了行政管理工作的一些技巧，即设计和优化工作流程、制定工作标准，这其实也是很多优秀的行政管理人员脱颖而出的秘诀。接下来，作为企业的大管家——行政部，应该如何计划和统筹一年中的工作呢？这就是我们接下来要聊的话题。

行政部365天工作安排

行政部的日常工作有很多，要想确保各项工作有条不紊地进行，行政经理就要安排好一年365天的工作，并以日、周、月、季度和年度等不同时间单位安排工作。为此，行政经理需要了解下述概念，并掌握相应的工作方法。

1. 国家法定节假日

我们经常说“国家法定节假日”的概念，那么，目前，我国都有哪些法定节假日呢？请参考表1-2。

表1-2 国家法定节假日参考表

序号	节假日名称	放假天数	放假日期
1	元旦	1天	1月1日
2	春节	3天	农历除夕，正月初一、初二
3	清明节	1天	农历清明当日
4	劳动节	1天	5月1日
5	端午节	1天	农历端午当日
6	中秋节	1天	农历中秋当日
7	国庆节	3天	10月1—3日

上述节假日累计11天。对职场人士来说，除了上述通用节假日以外，部分公民还享有其他节假日，比如，妇女节（3月8日）时妇女放假半天；青年节（5月4日）时14周岁以上的青年放假半天（15～34岁的人为青年）。

2. 工作时间的计算

这里的工作时间，又称法定工作时间，是指员工在法定限度内，在企业从事相关工作或者生产的时间。员工正常的法定工作日如下。

年工作日：365天-104天（休息日）-11天（法定节假日）=250（天）

季工作日：250天÷4=62.5（天）

月工作日：250天÷12=20.83（天）

根据我国现行的8小时工作制、8小时以外算加班，企业还要考虑员工在工作日内的有效工作时间。通常情况下，如果员工在上班时间里存在类似闲聊、串岗、无意义等待的情况，则员工的有效工作时间往往会达不到8小时。为此，企业要强化员工纪律管理，确保员工在工作日中的工作饱和性。

3. 采用阶段工作法

行政经理的工作看似庞杂，倘若分阶段安排一年之中的工作，就会确保有节奏、有步骤，不至于在工作中顾此失彼。我们接下来按照日、周、月、季、年5个时间段来安排工作，具体请参考表1-3。

表1-3 行政经理分阶段工作安排表

序号	阶段	工作事项	备注
1	日	（1）制订当日工作计划 （2）每日形象自检 （3）值班人员安排 （4）邮件接收/寄发处理 （5）通知人员参加会议 （6）会务人员分工与监控协调 （7）会议期间客户接待	
2	周	（1）制订一周工作计划 （2）主持与参加会议 （3）会议经费预算 （4）会场布置 （5）拟定会议议程 （6）办公用品发放 （7）会议住宿、餐饮、用车安排 （8）员工食堂检查 （9）员工宿舍管理 （10）消防安全管理	

续表

序号	阶段	工作事项	备注
3	月	（1）制订月工作计划 （2）办公用品采购 （3）印刷品事务处理 （4）员工宿舍月度检查评比 （5）员工伙食补贴管理 （6）纸质档案借阅管理 （7）电子文件归档管理 （8）IT信息系统管理 （9）组织入职员工体检 （10）清洁以及卫生绿化管理 （11）行政费用报销管理	
4	季	（1）制订季度工作计划 （2）制作和记录办公设备管理卡 （3）办公用品季度盘点 （4）文书立卷归档 （5）食堂外包管理	
5	年	（1）办公设备采购管理 （2）企业印章管理 （3）车辆保险管理 （4）车辆换新和报废管理 （5）员工职业健康管理 （6）劳保用品发放和使用管理	

总的来说，行政经理若能分阶段制订工作计划，做好工作安排，就能更好地理顺一年中的工作，从而提高工作效率。

一个行政管理人员的基本素养

在实际工作中，企业行政人员每天总会面临大量的、琐碎的事务，也常在扮演不同的角色，比如，行政人员可以是上传下达的“宣传员”，可以是了解企业内外环境的“调研员”，也可以是提供情报的“信息员”，还可以是帮助业务部门工作的“服务员”等。由于行政人员在工作上具有这种综合性，因而行政人员要具备足够的知识积累和良好的职业素养。

企业行政管理人员应该具备的基本素养有以下几点。

1. 科学的知识结构

我国东汉的哲学家王充说：“人有知学，则有力矣。”这句话翻译成现在的白话文，则相当于晚于王充1 500多年、英国的哲学家弗朗西斯·培根的一句名言：“知识就是力量。”行政人员在工作中接触面较广，要想游刃有余地处理各项事务，就需要有足够的知识储备、比较健全的知识结构。那么，行政人员的知识结构都包含哪些部分呢?

（1）自然科学、社会科学的基本知识。行政人员常会面临企业接待中的迎来送往，在与人打交道时，应掌握必要的常识，这在一定程度上可以令人刮目相看。举例来说，有位行政人员在接待企业的宾客时，谈话之间提起我国节气变化对耕种的影响，便娴熟地背诵出《二十四节气歌》：“春雨惊春清谷天，夏满芒夏暑相连。秋处露秋寒霜降，冬雪雪冬小大寒。”这不由让宾客对行政人员的知识素养暗生钦佩。

（2）行政管理的专业知识。行政管理的专业知识具体包括公文和应用文写作知识、文书制作和处理知识、档案保管知识、办公室管理知识、会议组织知识、信息科学知识、人力资源管理知识、财务管理知识、管理学知识、传播学知识、心理学知识等。

（3）企业所在的行业知识。行政人员如果在一家房地产公司工作，那么就有必要了解房地产方面的一些知识；若在一家电子商务公司里工作，则有必要了解与电子商务相关的运营和技术知识等。一般来说，行政人员对企业所在行业的专业知识多些了解，有助于确保其在内外协调等沟通工作中的顺畅性。

（4）其他相关知识。例如，行政人员经常需要考虑如何降低企业不必要的成本，为此，行政人员要掌握相应的经济学和统计学方面的知识；有时，行政人员还会面临相关法务问题，这种情况下，行政人员就需要具备一定法学知识。

2. 基本的职业能力

基本职业能力指行政人员正常地开展工作时，所需要具备的基本职业能力，比如，文字写作能力、语言表达能力、社会交际能力、沟通协调能力、调查分析能力等。如果一个人要从事行政管理工作，那么以上这些基本的职业能力往往是不可缺少的。

3. 职业道德

行政管理人员应该具备的职业道德有：忠于职守、严守机密、恪守信用、文明礼貌、廉洁奉公。一般情况下，企业行政管理工作大多是重复性、烦琐性工作，只有坚守良好的职业道德，才有可能安心于本职工作，并把每一份细小的工作做好，进而提高企业行政管理的质量和水平以及优化企业的经营。

4. 培养良好的职业性格

在管理学界流行一句话："工作可以改变一个人的性格。"的确，我曾经有一位性格内向的同学，不敢当众讲话，一说话就脸红。他在毕业后从事保健品销售，后来被调入企业的行政部，先做行政干事，后晋升到行政部经理。多年工作的淬炼，使他仿佛有了"脱胎换骨"般的变化，他不再是昔日校园里的那个腼腆小男生，而是历练得成熟稳重，言谈自信而有条理，极富个人魅力。总的来说，行政管理人员的理想职业性格是：开朗、稳健、坚毅、幽默、自制。

最后，希望每个正在从事行政管理工作，或者准备从事行政管理工作的朋友，练好基本功，培养自己健全的职业素养，这将是你职业生涯发展的基础，也是你走向职业辉煌的基点。

别让不懂管理限制了你的发展

一般来说，人在职场上的发展路线主要有三条：一是晋升为管理者，二是向专业化方向发展，三是向创业者转变。如果晋升为管理者，那么掌握必要的管理技能显然是不可缺少的；若成长为更高级别的专业工作者，则往往需要具备培训职场新人的相关技能，为了做好培训，同样要求行政人员具备相应的管理技能；若将来选择创业，则管理技能同样不可缺少。

可见，掌握一定管理技能，是一个职场人士不可回避的问题。在现实中，不少职场人士，包括行政人员，在个人职业发展到一定程度的时候，感觉遇到了瓶颈，这里面一个重要的原因就是管理知识和技能储备欠缺。接下来，我们系统地介绍行政人员需要掌握的管理技能。

1. 思维技能

行政人员只有把事情想清楚，才有可能做好事情。正如管理大师彼得·德鲁克所说："要做对的事，再把事情做对。"可见，行政人员的思维能力很重要，往往也是很难培养的。一个人的思维技能主要表现在三个方面，分别是拟订计划、制定决策与解决问题。

管理工作的第一步便是拟订清晰、有效的工作计划。在实际工作中，无论是长期的战略规划还是人员招聘计划、质量改善计划、年度预算、筹办公司运动会等，都需要制订计划。

有了计划，接着就是领导执行。在计划与执行的过程中会有许多变量，这就需要我们对决策不断予以调整，使决策更加切实可行。一般来说，正确的决策是奠定成功的基础，错误的决策可能会直接导致失败。正如英特尔公司前CEO安迪·葛洛夫所说："我们并非特别聪明，只不过在激烈的竞争中，比对手做出更多正确的决策。"

我们在执行任务的过程中，往往会遇到一系列问题，这就需要我们具备解决问题的能力。拿破仑曾说："困难只是在印证一个人伟大的程度。"没有一个企业是没有问题的，比如质量不佳、产能不足、交期不准、人力不足、士气不佳、财务困窘、设备老旧、工艺落后、市场占有率下滑等，谁能解决这些问题，谁便能受到重用。

正如英国前首相丘吉尔所说："所谓成功便是肩负更大的重任，去面对更棘手的问题。"因此，我们在解决问题时，要理清思路，切忌眉毛胡子一把抓，通常要界定问题、收集资料、分析问题、找出问题根源，并运用创造能力找出解决方案。

一个有志于在职场上走得更远的人，要注重自己思维能力方面的修炼，从而为自己的发展奠定坚实的基础。

2．绩效管理

我们在企业中领取薪资并享受应有的福利，就应该回报给企业相应的绩效，一般来说，职场人士面临的问题很现实，不能创造好的绩效，就得"走路"，企业不养"闲人"。其实，企业面临的竞争环境通常很现实，也很残酷，每一分没有产出的投入都会降低企业的竞争力。因此，如何协助企业提高绩效，是职场人士（当然也包括行政人员）应该具备的最为核心的技能。其中，制定标准、成果管制与绩效考核是三种关键技能。

俗话说"无规矩不能成方圆"，如果一项工作没有标准，就会没有考核的标尺。一般来说，制定标准的具体技能包括判别需要标准化的项目、进行工作分析、作业研究、评估与制定合理的标准、形成书面材料以及进行必要的培训等。

为了确保执行有效，我们需要对执行的结果进行适当管制，比如，分辨该管与不该管的事，如何管，并将外部控制逐渐演变为自我管理。接下来，我们还要掌握绩效考核的技能，确立公正、合理的考核办法与激励机制，努力提升绩效。

3．组织技能

在美国"钢铁大王"安德鲁·卡内基的墓碑上刻着一行字："这里躺着的人，善用比自己能力更强的人。"这句话简直一语道破职场人士应有的组织技能。的确，现代企业的组织日益复杂，员工也来自四面八方，甚至世界各地，国际化的企业也越来越多，那么如何才能迅速组织一群人，集中力量于共同的目标呢？在这之中，职场人士的组织技能便成为决定性的因素。

一般来说，组织技能包括团队建设、领导能力与培育部属的能力。其中最为关键的是，职场人士要对部属与团队成员具有真诚的关怀，绝非只是想表现自己，否则就无法真正提升自己的组织技能。这正如我国儒家所倡导的："修身、齐家、治国、平天下。"可见，一个人组织技能的发展是由内而外的，真诚的心意是成功运用组织技能的关键。

4．职业化

所谓职业化，是要显露专业风采，即做人做事要有模有样，要与自己的职业身份相匹配。职业化的能力主要表现在主持会议、沟通表达与自我管理方面。管理大师彼得·德鲁克曾说："职业经理人不是在做事，便是在开会。"这句话看似有点戏谑的意味，却也突出了会议在职场人士工作中的重要性与频繁性，那么，如何把会议开好，对职场人士来说就是一件重要且体现专业度的事情。

在工作中，沟通方式主要分为两种，即书面方式和口语方式。书面方式包括营运计划书、备忘录、工作记录、调查报告、往来公文、广告文案、电子邮件、产品说明书等，口语方式包括发表演说、主持会议、记者采访、培训员工、销售说明、采购议价、商业谈判等。职场人士的一项核心技能就是沟通，因此，培养精准、有效的沟通与表达能力，是每一位职场人士的必备功课。

俄国大文学家列夫·托尔斯泰曾说："人们经常想要改变他人，却少有人愿意改变自己。"我国儒家先贤孟子说："行有不顺，反求诸己。"这都说明了一个人进行自我管理的重要性。在实际工作中，一个人只有以身作则，才可能成为部属的表率。

那么，一个职场人士应该怎样进行自我管理呢？首要就是进行时间管理。管理大师彼得·德鲁克说："除非把时间管理好，否则没有办法管好其他的事情。"诚然，生命中要做的所有事情，都要占用或长或短的时间，而时间恰恰是最公平的，每个人每天只有24小时，因此人生成败、绩效好坏、公司兴衰都取决于如何有效运用时间。

其次，终身学习也是职场人士自我管理的重要方面。彼得·德鲁克说："未来的企业学习将取代经验，变成组织中最重要的事。"的确，社会在发展，时代在进步，职场人士若不能及时“充电”与更新知识，就有面临被淘汰的可能，这绝非危言耸听。保持学习，也是让自己跟上企业发展步伐的重要选择，当个人发展跟不上企业发展时，个人职业发展就会遭遇危机。

最后，职场人士还要保持健康与活力，培养与提升自己的情商，保持快乐的心情，维持高昂的斗志，懂得自我激励等。职场人士做好自我管理，是其在漫长的人生旅途中保持最佳状态的基础。

官僚主义：行政管理的克星

美国通用电气公司（General Electric Company，简称“GE”）创立于1892年，最早由美国著名的发明家爱迪生创建；2015年，其在“世界500强”企业排行榜中排名第24位，年度营业收入达1 483.21亿美元，在全球各国GDP（国内生产总值）排名中也可以跻身前60名，可谓“富可敌国”。然而在20世纪80年代初，GE却不知不觉地患上“官僚主义”病，公司内划分出29个层级，各级之间等级森严，一个报告从基层报上去，要经过几十层，行政效率之低可想而知。

在这种情况下，GE管理体制臃肿不堪，市场反应效率低。1981年，45岁的杰克·韦尔奇担任GE的CEO。此时，尽管GE尚且“没有”露出危机的迹象，可是韦尔奇已经看出GE“官僚主义”背后潜藏的危机。

韦尔奇认为，庞大的组织机构已经严重阻碍了GE的发展，必须进行“精兵简政”，提升行政管理效率。为此，韦尔奇说：“集中精力，绝对不妥协地向官僚主义开战。”在克服企业“官僚主义”的过程中，韦尔奇主要采取了以下措施。

1. 重组与裁员

在改革前，GE的员工有41.2万人，其中有经理头衔的人多达2.5万人，高层经理达500多人，副总裁130人，管理层级多达29级。韦尔奇的重组，席卷了GE的350个业务组织，每个组织的CEO也是重组的对象。在这次改革中，GE还裁掉了35%的员工，使员工总数降到27万人。

2. 行政等级扁平化

在韦尔奇的行政改革中，GE的29个层级被压缩到5个，初步达到扁平化（公司—区域部—事业部—事业分部—工厂）。这是消除官僚主义的关键一步，这是因为，原先部门林立、等级森严、层级繁多、程序复杂的状况正是“官僚主义”滋生的土壤。经过韦尔奇的改革，公司结构变成一个总裁办公室加13个主要事业部的简单结构，使得官僚主义在很大程度上失去滋生的土壤。

3. 全员教育

一般来说，“官僚主义”者的典型表现是摆架子、扯皮、拖延等，他们不太喜欢身体力行、深入基层、认真调研，而喜欢论资排辈。“官僚主义”存在的地方，总是伴随行政效率低下、信息不通畅、决策不力、整个机构没有活力等问题。

韦尔奇在企业中最为痛恨的就是“官僚主义”者，如果在企业里发现一个坐在办公室里摆出管理者的姿态并颐指气使的人，韦尔奇就会毫不留情地号召大家将这样的人“请”出去。因此，在GE，“官僚主义”者将受到全员的抵制，并面临“手术刀”似地无情切割。

同时，韦尔奇在改革中还规定：员工必须能够面对面地向领导和老板提出建议，领导和老板应该尽可能使雇员当场得到答复，坚决抵制和避免扯皮现象的发生。为此，韦尔奇还引入听证会模式，也就是由行政执行部门从不同层次、不同岗位上抽出人员集中开会讨论，专找管理工作中存在的弊病，然后提出解决问题的方案，并在大会上报告结果，各部门负责人要到会听取意见和建议，并当场表态和答复。一般情况下，80%的建议会立即得到答复，剩下的建议必须在一个月内给予答复。这样就使得管理工作中的错误和纰漏无处可藏，并且可以得到及时、有效的解决。

从1981年就任GE的CEO，到2001年从GE退休，在这20年里，韦尔奇同“官僚主义”进行了长期的斗争，也让GE获得了巨大的进步。据统计，当韦尔奇开始就任CEO时，GE的市值为130亿美元；当韦尔奇退任时，GE的市值已经骤升到4 800亿美元，市值增速近37倍，GE也从一家制造业公司转变为以服务业和电子商务为导向的企业巨人。GE高效的内部管理，几乎已经成为全球企业的标杆，韦尔奇的管理经验也成为全球重量级商学院的研究内容，GE也真正成长为世界领袖级企业。

其实，大道至简，殊途同归，很多企业的成功以及个人的成功，并非掌握了多么高深、晦涩的理论以及投机取巧的终南捷径，他们不过是做到了“知行合一”，把朴实的道理扎实地做下去。这正如韦尔奇所说：“你们知道了，但是我们做到了！”

他山之石：任正非谈企业行政管理

任正非创立的华为公司从2.1万元人民币的本钱起步，到2014年时年营业额已达到约460亿美元，华为公司更是成长为世界上最大、创新能力最强的电信公司之一。由于任正非曾经提出过企业的“狼性”文化，当华为公司走出国门、其业务在全球多个国家和地区“攻城拔寨”时，业界不由得惊呼“狼来啦！”

俗话说“打铁还需自身硬”，一个经营成功的公司，在其内部管理上必然有令人称道的地方。难以想象，一支纪律涣散的队伍，如何能够打胜仗，更别提“攻城拔寨”了。其中，行政管理更加强调企业的内部管理，因此历来为人们所重视。

其实，任正非对企业行政管理工作很重视。任正非的很多讲话中，都体现着对行政管理工作的不断优化。由于任正非的管理思想博大而精深，我们此处主要摘取任正非对行政管理工作的一些观点，以飨读者朋友。

首先，任正非认为要“精兵简政”“减员增效”。对此，任正非说：“我们要推动组织结构的精简，减少行政干部的编制，选拔会做事的人做中基层一把手……并将一些无所作为的管理干部的职务免除掉……我们要选择会做事的人做中基层一把手，这个事情该怎么干，那个事情该怎么干，都很清楚明白，只有存在矛盾时，咱们才开会，从而减少（不必要的）会议，减少（不必要的）汇报，减少（不必要的）协调，简化（不必要的）考核，减轻员工（不必要）的工作负担。要让基层部门把精力聚焦在工作上，聚焦在客户上……”

其次，任正非认为要杜绝内部“腐败”。对此，任正非说：“我们要清理那些特别会迎合上级，善于美化部分下级的人，免除他们的行政管理职务。当下属给你送礼的时候，其实你已经清楚谁是黄鼠狼，要谨防你家的鸡。”言外之意，任正非号召企业内的各级干部要“拒腐防变”“洁身自好”“行得正，走得端”，因为只有这样才能在职业生涯中“走得远”。

再次，任正非倡导“对事负责制”，要求员工自觉抵制“对人负责制”。

对此，任正非说：“为什么我们要强调以流程型和实效性为主导的体系呢？现在流程上运作的干部，他们还习惯于事事都请示上级。这是错的，已经有规定或者成为惯例的东西，不必请示，应快速让它通过。执行流程的人，是对事情负责，这就是对事负责制。事事请示，就是对人负责制……我们要简化不必要确认的东西，要减少在管理中不必要、不重要的环节，否则公司怎么能高效运行呢？”

最后，任正非认为，行政管理工作必须能够支撑与促进企业增值业务的开展，坚持“客户导向”理念，要奖惩并用、奖惩分明。对此，任正非说：“我们一定要坚定不移地把一部分机关干部派到直接产生增值的岗位上去。机关的考评，应由直接服务部门进行打分，它要与机关的工资、奖金等挂钩。这也是客户导向，内部客户也是客户……在本职工作中，我们一定要敢于负责任，使流程速度加快。对明哲保身的人一定要清除……有些人没犯过一次错误，因为他一件事情都没做。而有些人在工作中犯了一些错误，但他管理的部门人均效益提升很大，我认为这种干部就要用。对既没犯过错误，又没有改进的干部可以就地免职。”

总的来说，企业行政管理工作最终是为了提高企业的整体绩效，提高企业的综合素质，从而增强企业的生命力、竞争力。为此，作为行政管理人员，我们可以通过向一些优秀企业家、管理者学习管理知识与技能，用心领会行政管理在实际工作中应发挥的作用，从而明确行政管理职责，做个称职、优秀的行政管理从业者。

第二章 行政人事管理

日常生活中，很多公共管理事务会分模块经由不同政府部门进行管理。比如，以县级政府部门为例，公安局负责保障有关公共秩序和社会治安等，城市建设局负责拟定和完善城市基础设施等，人力资源与社会保障局负责全县公务员的职位分类、考试录用、考核、职务升降、奖惩、工资福利、退职退休、权利保障等。

对企业来说，在初创阶段，通常一人身兼数职，围绕投入和产出展开工作；随着企业的发展，企业的各项职能在分工上会越来越精细化，行政事务也会日益繁多，这就需要我们将行政管理分为若干模块予以处理，从而有效推动行政管理工作的开展。其中，人事管理可谓是行政管理中一个重要的模块。

员工招聘管理

在很多公司，行政部被称为行政人事部，可见人事管理在行政管理中的重要性。我们在这里先了解人事管理中的员工招聘管理。

根据求职者来源渠道的不同，招聘的方法分为内部招聘和外部招聘。内部招聘主要有内部提升、工作调换、重新聘请等形式，外部招聘有人才市场招聘、网络招聘、校园招聘、猎头公司招聘等。一般来说，企业在实施员工招聘工作时，通常遵循下述流程。

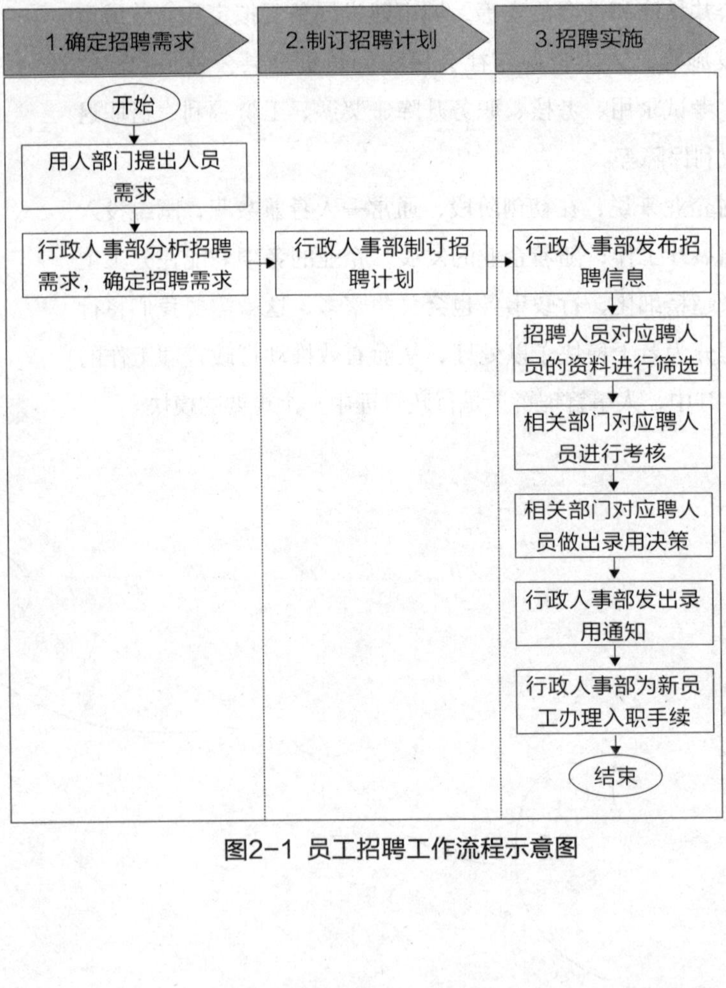

图2-1 员工招聘工作流程示意图

当然，要想做好一件事，仅知道流程是不够的，还要在怎样把事情做好方面下功夫。我们在这里介绍员工招聘的几个技巧。

1．力争成为知名的雇主

《三国演义》里，刘备能够“招聘”到像“卧龙”诸葛亮、“凤雏”庞统这样的优秀人才，与刘备自我塑造的有情有义、拯救黎民于水火、立志中兴汉室的明君形象有重要关系，并让很多优秀人才意识到，跟着刘备这样的明君，有前途。在现实生活中，很多知名企业在人才招聘方面要比没知名度的企业更有吸引力和竞争力。所以，行政人事部在招聘员工的同时，还要参与到对企业优势的积极宣传中。

2．建立和充实企业的人才库

一般来说，企业需要建立一个人才库，从而避免企业出现“人才荒”。为此，在每一次招聘中，企业应该将收到的简历逐一登记，可以做成电子表格的形式，这样在以后有人员招聘需求时，可以先在人才库中予以检索，有助于提升招聘效率。

3．提供比行业平均水平稍高的薪酬

在实际工作中，企业支付稍高于行业平均水平的薪酬便有助于吸引和保留优秀的人才。然而，不少企业雇主经常考虑的是如何支付较低的薪酬，还能获得优秀的人才，这样的想法是错误的，因为，虽然这些优秀人才可能会因为配偶或家庭问题，或一时看重企业的福利而入职，在工作中也表现积极，绩效也不错，但是他们仍会时常感到薪酬不公平并心有怨言，一旦有好的机会，他们往往就会选择离职。所以，行政人事部在进行招聘时，需要对薪酬利弊有清醒的认识。

4．将福利作为重要的竞争优势

有些企业能够为员工提供较好的福利待遇，比如为员工的父母提供养老保险，为员工的家庭解决住宿问题，帮助照顾员工的未成年子女，为员工提供食宿条件等，这些比较好的福利待遇，有助于对员工形成吸引力。

5．合理运用企业的网站

在互联网时代，几乎每个企业都会有自己的网站，企业网站也成为企业在网络平台宣传自己的阵地。为了推动招聘工作的开展，企业可以在自己的网站中建立一个招聘页面，及时将企业空缺的职位、需求、岗位内容等做出清晰地描述，从而吸引合适的候选人投递简历。

6．从内部挖掘人才

在出现岗位空缺的时候，企业可以优先从内部挖掘人才，这样便于有效降低员工融入企业的成本。

一般来说，员工入职后，通常会有一段时间的试用期。图2-2为行政人事部为员工办理试用的流程。

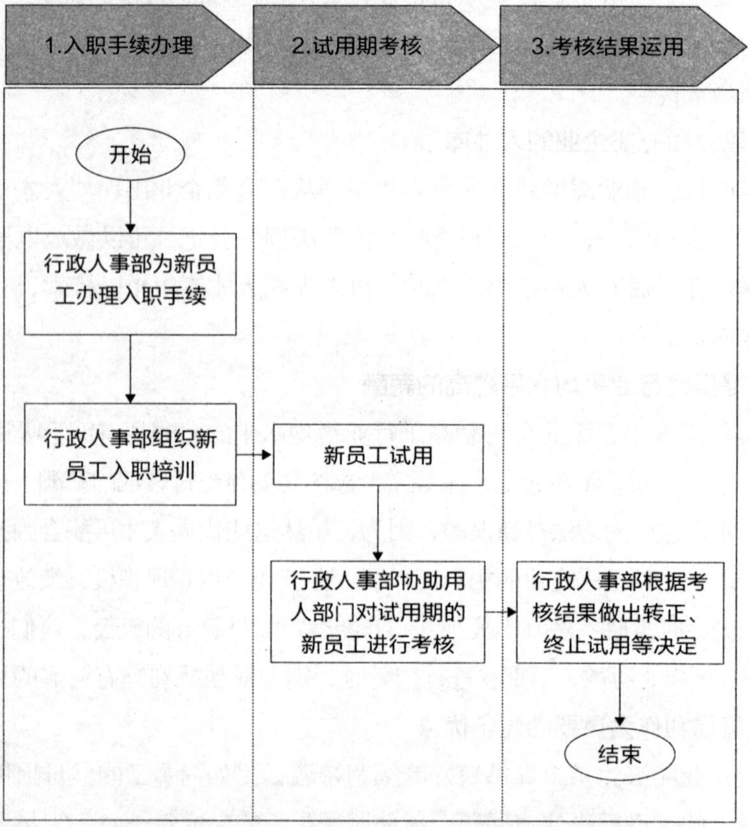

图2-2 行政人事部为员工办理试用流程示意图

在员工的试用期阶段，行政人事部可以主动帮助新员工融入新的工作氛围。尽管新员工在试用期阶段面临一定的考核，但从某种程度上来说，在新员工的试用期里，无论是企业，还是新员工，都存在时间、精力等方面的付出，考核是手段，融入团队、共同奋斗、有效甄别工作是否合适才是目的。

员工培训管理

为了有效提升员工的技能和素质，企业时常会面临员工培训的需求。为了让新员工能够快速胜任工作，对员工进行培训更是不可缺少的。行政部在组织员工培训时，要对培训需求进行深入分析，从而制订有效的培训方案。

一般情况下，员工培训按照内容可以划分为两种，即员工技能培训和员工素质培训。其中，员工技能培训是企业针对岗位需求，对员工进行岗位能力方面的培训；员工素质培训是企业对员工素质方面的培训，主要有心理素质、个人工作态度、工作习惯等。

在培训方法上，行政部可以参考下述方法。

1．讲授法

这是一种传统的培训方式，优点是培训简便；缺点是单向信息传递，反馈效果差。讲授法常被用于一些理念性知识的培训。

2．视听技术法

在实际工作中，不少企业会采用视听技术对员工进行培训。该培训方法的优点是运用视觉和听觉的感知方式，比较直观；缺点是培训员工的反馈与实践较差。视听技术法多用于企业概况、传授技能等培训，也可以用于概念性知识的培训。

3．案例研讨法

该方法是通过向培训员工提供相关的背景资料，激发员工主动寻找适当的解决方法。该方法的优点是不仅可以帮助员工学习分析问题和掌握解决问题的技巧，还能拓宽员工解决问题的思路；局限性是需要的时间较长，而且在研讨过程中，若参与者措辞不当，则可能会引起参与者之间不必要的争论等。

4．角色扮演法

该方法会设计某种工作场景，让员工扮演其中的角色，并由其他员工和培训师在表演后做出适当的点评。角色扮演法的信息传递直观，反馈效果好，实践性强，费用低，多用于人际关系能力的训练。

5. 讨论法

在实际工作中，讨论法可以分为研讨会和小组讨论两种方式。研讨会多以专题演讲为主，中途或会后允许员工与演讲者进行交流和沟通；小组讨论则是将受训员工分成若干组，每个小组对特定问题展开讨论，员工的参与性较高，费用也较低。讨论法多用于巩固知识，培养员工分析、解决问题的能力以及人际交往能力，通常对培训师的要求较高。

6. 个别指导法

在培训中还有一种传统的方式，即“传帮带”，又称“师傅带徒弟”“学徒工制”“个别指导法”，其通常是由一个在年龄上或经验上资深的员工作为“教练”，带领一位或若干新员工学习工作技能。这种培训法的优点是有师傅带，可以避免新员工盲目摸索，有利于新员工消除刚入职时的紧张感，尽快融入团队，也有利于传统优良作风的传承。

7. 自学法

该方法比较适合一般理念性的学习，多偏向于成人学习。对那些具有一定学习能力与自觉的员工来说，自学法是一个既经济又实用的方法，但也存在监督性较弱的缺陷。

8. 网络培训法

该方法充分利用互联网技术，员工只要具备上网条件就可以学习，比较适合成人学习，也是当今培训业发展的一个重要趋势。

总的来说，企业通过培训，能够有效增强员工对企业的归属感和责任感，还能促进企业与员工、管理层与员工层的双向沟通，增强企业的向心力和凝聚力，更有助于提高员工的综合素质，提高生产效率和服务水平，改善工作绩效，使得企业更加适应市场变化和增强竞争优势，还有助于培养企业的后备力量，保持企业的生命力。

员工日常管理

员工的日常管理，主要侧重于工作纪律、考勤等管理。通常情况下，行政部是对全体员工进行日常管理的执行者。我们以某企业制定的《公司员工日常管理规定》为例，了解行政部如何对全体员工进行日常管理。

公司员工日常管理规定

1. 内容和范围

（1）为规范日常考勤制度及工作秩序，促进员工遵守工作纪律，提高日常工作效率，特制定本办法。

（2）本办法主要对公司作息时间、考勤职责、考勤方式及工作时间内的工作纪律等进行了规定。

（3）本办法适用于公司全体员工。

2. 职责

（1）行政部负责考勤及工作秩序管理办法的编制、修订，并指导和督促其他部门规范执行。

（2）行政部是管理考勤平台及工作秩序的责任部门。

（3）其他部门的主管是其对应部门考勤管理及工作秩序管理的责任人。

3. 考勤方式

（1）考勤目前采取指纹机打卡的方式，必要时辅以考勤表。

（2）员工由于个人原因不能按要求打卡时，必须写明原因，经公司行政部主管、副总经理或总经理中的一人批准后，交行政部备案。

（3）借调人员，由借入单位进行考勤，并向借出单位提供该员工的出勤情况。

（4）考勤表上的记录通过下表中所示的方式进行标注，迟到、早退应注明时间。

考勤表上的标注方式

出勤 √	出差 <	旷工 ○	休假 ☆
病假 △	婚假 □	事假 ×	丧假 □
产假 ⊙	探亲假 ф	调休 ◇	

4. 考勤纪律

（1）员工每天上下班均需正常打卡，员工在各类假期经批准离岗时，必须有书面依据，考勤记录与假条必须相符。

（2）上班时间后30分钟内到岗为迟到。

（3）下班时间前30分钟离岗为早退。

（4）上班期间未履行请假手续离岗不足30分钟的为中途溜号。

（5）员工当日未履行请假手续不在岗时间超过30分钟视为旷工。

（6）迟到、早退、旷工、中途溜号不得事后补假，不得以各类假期冲抵。

（7）每月考勤结果应让员工签字认可、所在部门领导审核，并为编造当月岗位工资提供依据，考勤汇总表在次月3号前交行政部，各类考勤原始记录须在行政部保存两年以上。

（8）如出现旷工现象，则行政部应与员工本人或其家庭联系，旷工达到三天的员工，行政部必须将违纪情况及处理意见报公司副总经理或总经理批示。

5. 工作秩序

（1）作息时间。

① 标准工时制度。

公司基本作息时间为每周上班5天，每天工作7小时，周一至周五上班，星期六、星期日休息；法定节假日休息。

② 综合计算工时工作制度。

A. 缩短工作时间。主要针对特殊情况的员工、哺乳期的女职工。

B. 计件工作时间。按计件定额工作。

C. 不定时工作制度。主要为公司管理人员、市场类人员等。

（2）工作中的纪律。

① 员工上班前必须按规定开晨会，并做好工作前的准备。

② 员工上岗时，按照规定穿戴工作服、工作帽并戴上岗证。

③ 爱护办公设施，不得故意损坏办公设施。

④ 不得在公司的禁烟区域内抽烟。

⑤ 值班员工一律不准喝酒，如果发现酒后上岗现象，则应劝其离岗，并按旷工处理。因本人工作失误而造成责任事故和经济损失的，应责令其承担直接损失费用，对情节严重的给予公司处分，直至追究刑事责任。

⑥ 工作时间员工需要反映问题时，原则上向部门或公司领导逐级汇报，如确实需要到公司业务部门反映，则同类问题可选派一名代表，不得集体离岗。

⑦ 员工在工作中必须服从领导指挥，保质保量地完成任务。

⑧ 员工之间如果发生矛盾，则应本着互相体谅的原则协商解决，协商不成的可请单位领导调解，严禁发生激化的言语或肢体冲突。

6. 处罚

（1）对违反以上条款的员工，纳入该员工日常行为操守记录中。

（2）对考勤管理和工作秩序管理执行不力的责任人，行政部根据督察情况下达整改通知，对情节严重者予以转岗或辞退处理。

7. 其他

（1）本规定未尽事宜按公司有关规定执行。

（2）本办法的解释权归行政部。

（3）本办法自××××年××月××日起执行。

上述《公司员工日常管理规定》供大家参考，读者朋友可以在实际工作中根据需要制定适合本单位的管理规定，从而取得最佳的管理效果。

员工差旅管理

为了规范员工的差旅行为，企业通常需要制定相关的差旅制度，并授权行政部实施。我们接下来以某公司的《员工差旅管理制度》为例，了解行政部对员工差旅采取的管理事宜。

员工差旅管理制度

1. 总论

（1）为统一、规范员工出差流程管理，明确出差费用预算，特制定本制度。

（2）本制度适用于本公司的所有员工。

（3）公司员工出差分为省内出差和省外出差。

2. 出差考勤与补休

（1）出差人员须在出差前3个工作日填写“出差登记表”，若因特殊原因无法提前填写，则须在到达出差目的地开展工作后的3个工作日内补填，出差结束后须在返回工作岗位的3个工作日内完成实际出差结束时间的填写。

（2）员工出差时间达到3个工作日以上时，须办理交接工作，在出差前一个工作日内填写“工作交接表”，并提交至行政部经理处。

（3）出差期间的休息日加班，若因工作原因或者其他不可预见性的原因无法打卡，则出差地考勤负责人需要及时跟相关上级主管确认其加班事宜。

（4）出差员工在生活费用、交通费用、住宿费用报销过程中应实报实销，不得损公肥私、牟取私利。

（5）出差员工补休规定见表1。

表1 出差员工补休规定

返回派出地时间	乘车时间	补休时间
返回派出地时间≥14:00	乘车时间＜6小时	0天
	6小时≤乘车时间＜12小时	半天
	乘车时间≥12	1天

注：（1）出差员工返回派出地的时间以实际到达派出地车站时间为准。

（2）在14:00之前到达派出地的，无论乘车时间是多长，都不能再补休，并按正常出勤计算。

3. 生活费管理规定

（1）员工出差前可向公司借支生活费，以保障出差期间的基本生活。省内出差可向公司借支生活费的限额为500元，省外出差可向公司借支生活费的限额为1 000元。

（2）出差人员如需借支生活费，须在出差前3个工作日填写的“出差登记表”中填写借支金额，经部门领导审核后，出纳人员确认审批结果，办理费用借支手续即可。

（3）出差需借大笔现金时，须在出差前3个工作日向财务部申请；大额开支，应按银行的有关规定用支票支付。

（4）员工出差结束后须在返回工作岗位的3个工作日内，持生活费有效凭证（国家认定的统一发票）到财务部办理生活费报销手续。

4. 交通费管理规定

（1）员工出差期间，交通工具的使用须严格按公司规定执行，未按规定执行者，超标准部分将自行承担。出差员工交通工具的使用标准见表2。

表2 出差员工交通工具的使用标准

火车/汽车乘坐规定	（1）出发地与到达地相隔400千米以上。 （2）员工出差启程时间在晚上20:00至次日早上7:00，且乘坐时间在6小时以上。 （3）员工出差连续乘车时间在12个小时以上。

续表

火车/汽车乘坐规定	符合以上三个条件中任何一个，皆可购买卧铺票，不符合者皆买坐票。 注：车票统一由公司安排购买，若有特殊情况无法购买卧铺票，则须服从公司其他安排
飞机乘坐规定	经理级员工省外出差可乘坐飞机；其他级别员工出差一般不可乘坐飞机；出差路途较远且出差任务紧急的，须经总经理批准方可乘坐飞机。 注：飞机票统一由公司安排购买
其他情况	员工在出差地处理事务主要以乘坐公共交通工具为主，可凭据报销市内交通费；路途较远或任务紧急的，经上级领导批准方可乘坐出租车

（2）出差员工在出差前，至少需提前5个工作日告知行政部经理出差目的地，以便行政部经理有足够时间订购车/机票，出差前1个工作日到行政部经理处领取车/机票。

（3）交通费报销规定。

① 员工出差结束后须在回到工作岗位的3个工作日内，持交通费有效凭证（国家认定的统一发票）到财务部办理交通费用报销手续，若因个人原因延误报销，则公司将不予受理报销事宜，所有交通费用员工自行承担。

② 符合购买火车卧铺票（或动车与高铁票）的条件而无法购买火车卧铺票（或动车与高铁票）时，除凭车票报销车费外，乘坐慢车和直快列车的员工，分别按慢车或直快列车软（硬）席座位票价的60%发放补助；乘坐特快列车的员工，按特快列车软（硬）席座位票价的50%发放补助；乘坐新型空调特快列车和新型空调直达特快列车的员工，分别按其软（硬）席座位票价的30%发放补助。

③ 符合购买汽车卧铺票的条件而无法购买汽车卧铺票时，除凭车票报销车费外，乘坐慢车班次的员工，按慢车坐票票价的60%发放补助；乘坐直达班次的员工，按直达班次坐票票价的50%发放补助。

④ 出差期间因工作需要而延长出差时限的，出差员工须立即向上级领导上报申请；因病或其他不可抗力因素需要延长出差时限的，出差员工须及时上报上级领导并在出差结束回到工作岗位后的1个工作日内提供相关证明。

5. 住宿费管理规定

（1）全国各类城市等级划分标准（根据区域远近，暂沿用本公司2014年划分惯例）见表3。

表3 全国各类城市等级划分标准

类别	城市
A类（特大型城市）	上海、北京、广州、深圳
B类（大型城市）	重庆、天津、杭州、南京、哈尔滨
C类（中大型城市）	武汉、沈阳、济南、长春、石家庄、长沙、成都、西安、昆明、郑州、福州、南昌、南宁、合肥、乌鲁木齐、大连、青岛
D类（中型城市）	柳州、太原、呼和浩特、贵阳、兰州、海口、宁波、温州、厦门、珠海、中山、东莞、台州、泉州、汕头、无锡、苏州、徐州、湖州、湛江、烟台、淄博、潍坊、济宁、唐山、保定、大同、吉林、鞍山、齐齐哈尔、包头、株洲、常德、洛阳、宜昌、绵阳、襄樊、荆州、南阳
E类（小型城市）	除以上城市外的其他边远小型城市及地区，在此不一一列举

（2）员工出差的住宿标准须严格按公司规定执行，未按规定执行者，超标准部分将自行承担。

（3）出差员工住宿管理规定。

① 总经理住宿标准为三星级酒店标准套房，环境优雅且须带有会客室，所在区域交通便利且便于停车。

② 副总经理、总监住宿标准为三星级酒店标准间。

③ 经理级住宿标准为普通商务酒店。

④ 各业务区办公室主任可根据实际需要与当地商务酒店签订长期合作协议。

⑤ 当两个或两个以上的员工出差时，除男女有别可分开住宿外，无特殊情况不可独自开房住宿；当两个或两个以上不同岗位级别员工同住一间房间时，以岗位级别高的员工住宿费用可报销额度作为标准，不累加住宿人员可报销额度。

（4）住宿费用报销规定。

① 员工在出差结束回到工作岗位的3个工作日内，持住宿费有效凭证（国家认定的统一发票）到财务部办理住宿费用报销手续，若因个人原因延

误报销，则公司将不予受理报销事宜，所有住宿费用员工自行承担。

② 出差员工住在亲友家，一律不予报销住宿费。

③ 出差人员外出期间生病，确需住院治疗的，应立即向上级领导申请休假，住院期间不予报销住宿费，不享有出差补贴。

6. 出差补贴规定

（1）出差员工在启程日的0:00—24:00的任一时刻出发，皆可享有出差补贴，出差返回到派出地的当天不享有出差补贴。

（2）出差补贴费随当月工资一齐发放，享有出差补贴的天数要扣除出差期间休假的天数；出差期间因工作需要加班，只享有出差补贴，不同时享有加班补贴。

（3）员工出差补贴规定（出差补贴标准按照出差目的地的地域等级划分）见表4。

表4 员工出差补贴规定

城市等级	所在部门	补贴额度（元/天）
A类城市	市场部员工	90
	其他员工	70
B类城市	市场部员工	70
	其他员工	50
C类城市	市场部员工	50
	其他员工	40

7. 附则

（1）上述规定中的不尽之处，公司有权在研究后予以增补，并在通告全体员工（以发送给全体员工的电子邮件为准）后，自动成为员工行为规则的一部分。

（2）公司行政部拥有本制度的最终解释权。

（3）本制度自公布之日起实行，各相关人员务必严格执行。

上述《员工差旅管理制度》在实际工作中仅供大家参考，读者朋友可以根据实际情况予以调整。

实训案例：细节决定升迁

在职场中，每年都会看到有些人“加官晋爵”“升职涨薪”，每年也会看到有些人“降职降薪”，甚至“革职查办”“扫地出门”，造成职场人士不同际遇在很多时候源于细节。对行政人员来说，每天做得更多的就是“琐碎事情”，但在这些“小事”中，往往潜伏着“大学问”，如果我们能够做好每一件“小事”，那么这些“小事”就可以成为我们职业发展生涯中的台阶。

小马是一家外贸公司营销总监的秘书，主要负责协助营销总监处理日常行政事务。小马的直接上级是总监助理，平时主要在总监助理的安排下开展工作。在现实工作中，很多秘书面对领导时常是毕恭毕敬、一丝不苟，可是领导一不在身边，就会放松下来，甚至借机做些“私事”，比如在工作时间进行电话聊天、在电脑上玩小游戏、在网上购物等。

可是小马一有了闲暇时间，就马上回想总监交代给她的事情，反思自己有哪些事情还没有做好，在哪些方面需要继续“充电”。接着，小马会利用空闲时间，与其他秘书交换信息，从而扩充自己的信息数量并提高质量。此外，小马发现总监经常需要与客户进行来往，出入饭店比较频繁。

为此，小马不仅用心梳理了总监以前去过的所有饭店，将这些饭店的经营特色一一记录下来，还在手机上存储了这些饭店业务负责人的联络信息。除此之外，小马平时还留意与打听附近新开饭店的信息以及这些饭店举办的相关活动。这些信息看似微不足道，但在总监应酬客户的时候却都很关键。另外，小马还积极利用跟着总监外出办事的机会，结识各行各业的业余伙伴，并用心建立自己的人脉关系，以备不时之需。

有一天临近下班时，总监突然对助理说：“今晚有业务上的朋友来，我要请他们吃饭。”不巧的是，这天的很多饭店都是爆满，助理联系了好几家饭店都没有空位。助理急得团团转，总监连续问了几次，得知助理还没有订好饭店，这时客人又快到了，总监已经提前答应客人要“请客”，于是，总监的脸色也越来越难看。

就在这时，正准备收拾东西下班的小马得知了这件事，就对总监说：“我来试下吧，您看是否合适？”于是，小马利用自己平时积累的人脉关系，顺利订好了令总监满意的饭店，因此得到了总监的赞许。

还有一次，小马跟随总监去签一个重要的业务合同。在跟随总监下车时，小马发现天空中乌云密布，眼看就要下雨，这时车上又没带雨伞。于是，小马悄悄地对司机说：“请你帮忙立刻到附近买一把伞来，尺寸要大一些。”当总监与业务伙伴签完约从楼里走出来时，外面大雨滂沱，小马将司机买回的大号雨伞递给总监，总监得以有风度地为业务合作伙伴撑起伞，送对方上了车，最终给业务伙伴留下了好的印象。

终于有一天，总监把小马叫到面前，郑重其事地对她说：“从下周起，提升你为我的助理，薪水也随之提升，原助理另有任用。”

通过上面的案例，我们可以发现，小马能够做到“升职加薪”，在很大程度上是在细节方面做得到位。实际上，在职场中，还有很多类似“细节决定升迁”的案例与故事。这同样告诉行政人员，如果用心对待每一个细节，那么当你发现所做的工作足以打动自己时，一定会打动别人，包括决定你升迁的人。

他山之石：阿里巴巴的人才管理

提起我国的电子商务与互联网企业，以马云为首创办的阿里巴巴肯定首屈一指，阿里巴巴旗下的多个业务模块也是令人耳熟能详，比如淘宝网、天猫、支付宝、蚂蚁金融、菜鸟物流网络、聚划算、阿里巴巴国际交易市场、1688、阿里妈妈、全球速卖通、阿里云计算等。截至2015年6月，阿里巴巴集团的在职员工已经高达3.4万多人。

从创业初期以马云为首的“十八罗汉”（即18个员工），到如今的3.4万多人，阿里巴巴有怎样的人才观，又是如何对员工进行管理和绩效考核的呢？对此，阿里巴巴认为：绩效管理很简单，就是日常管理。

阿里巴巴对员工制定与实施了详尽的管理措施。比如，新员工进入阿里巴巴后，都会经历三个阶段的培训，先是入职后27天的专职培训，在这27天之内，新员工将接触三大类培训，即文化制度类、产品知识类、技能心态类，这三者的课程比例分别是42%、28%、30%；新员工上岗后，还将接受3～6个月的融入项目培训，即在上岗第一天，新员工将会被介绍给团队成员，在1个月之内，还将安排团队聚餐；接下来，在一年之后、三年之后和五年之后都分别会有不一样的培训内容。

另外，阿里巴巴有自己独特的人才盘点体系，即30%是最有潜力的，60%是潜力一般的，10%是欠缺潜力的。每位主管都要给自己的下属打分，并根据“361原则”对员工素质进行强制排序，这是阿里巴巴绩效管理中很重要的一点。阿里巴巴强调的是管理者的责任，是让主管不断地关注下属。

同时，阿里巴巴坚信，每个进入阿里巴巴的员工都有某个方面的优势，有些员工一时没有取得出色的绩效，可能是被放错了位置，因此，阿里巴巴内部非常重视轮岗，目的是帮助员工认识自己，促进企业认识员工，使得员工有更好的发展。

鼓励轮岗是阿里巴巴人才管理中一个重要的方面。这就意味着，一位员工的能力并不是一位主管说了算，而是多位主管共同评价的结果，这就让员工得到了相对公平的评价。在阿里巴巴，主管对员工的盘点是每天都可以进行的，主管甚至可以记录下具体的事件。

每年阿里巴巴内部会有20%的人被评为优秀员工，这至少可以影响60%的员工跟随过来，一同追求卓越，并激励后进员工。同时，阿里巴巴非常警惕带有负面能量的员工，认为一个企业一旦有15%的员工带有负面能量，这个企业就会非常危险，负面能量的员工比例一定不允许超过10%，要适时地“剔除”5%最具有负面能量的员工。

为了在阿里巴巴内部弘扬“正能量”，阿里巴巴的每个业务部门都相应地设置了“政委”的角色，“政委”的主要任务是传播阿里巴巴的价值观。员工的价值观在一定程度上决定了员工的工资、奖金以及晋升。

为此，阿里巴巴将员工的能力评价分为三层，即价值观、专业能力和流程能力。其中，价值观的审核占据了基础能力的75%，其次是流程能力的15%以及专业能力的10%。

阿里巴巴对员工的管理理念的立足点是“信任员工”。基于此，阿里巴巴并不强制员工上下班打卡，因此，阿里巴巴内部对员工迟到并不敏感，审核流程也很简短，这背后体现的就是对员工的信任。举例来说，阿里巴巴对加班的员工提供免费午餐，但是享受免费午餐并不需要上级的审核，或许有人会说“如果有员工故意蹭吃怎么办”，但是在阿里巴巴看来，信任员工更重要，如果有人“蹭吃不加班，自然会有舆论监督”。

最后，让我们以阿里巴巴创始人马云关于员工管理的两句话结束。

“一个公司要成长，主要取决于两样东西的成长。一是员工的成长，另一个是客户的成长。我们自己成立了阿里学院，主要目的就是培训员工、培训客户。”

“阿里巴巴是靠团队打天下的，而不是靠个人英雄主义。”

表单一：员工招聘管理的表单

公司员工招聘表

填表日期：　　　年　　月　　日

<table>
<tr><td rowspan="5">基本情况</td><td>姓名</td><td></td><td>性别</td><td></td><td>民族</td><td></td><td rowspan="5">贴照片处</td></tr>
<tr><td>出生年月</td><td></td><td>籍贯</td><td></td><td>学历</td><td></td></tr>
<tr><td>身体状况</td><td></td><td>婚姻状况</td><td></td><td>专业</td><td></td></tr>
<tr><td>身份证号</td><td></td><td>现住址</td><td colspan="3"></td></tr>
<tr><td>手机</td><td></td><td>E-mail</td><td colspan="3"></td></tr>
<tr><td rowspan="4">教育经历</td><td>开始日期</td><td>结束日期</td><td colspan="2">毕业院校</td><td colspan="2">专业</td><td>学位</td></tr>
<tr><td></td><td></td><td colspan="2"></td><td colspan="2"></td><td></td></tr>
<tr><td></td><td></td><td colspan="2"></td><td colspan="2"></td><td></td></tr>
<tr><td></td><td></td><td colspan="2"></td><td colspan="2"></td><td></td></tr>
<tr><td>培训经历</td><td colspan="7"></td></tr>
<tr><td rowspan="4">工作经历</td><td>开始日期</td><td>结束日期</td><td colspan="2">公司名称</td><td colspan="2">职务</td><td>离职原因</td></tr>
<tr><td></td><td></td><td colspan="2"></td><td colspan="2"></td><td></td></tr>
<tr><td></td><td></td><td colspan="2"></td><td colspan="2"></td><td></td></tr>
<tr><td></td><td></td><td colspan="2"></td><td colspan="2"></td><td></td></tr>
<tr><td>技能特长</td><td colspan="7"></td></tr>
</table>

续表

申请职位			期望薪资	
职业规划				
初试意见		面试意见	复试意见	录用情况

表单二：员工培训管理的表单

员工培训申请表

申请部门		申请人	
培训时间		总时数	
培训讲师		需费用	
培训地点			
受训人员			
培训内容			
培训器材			
部门主管审核： 签字： 年　月　日		部门经理审核： 签字： 年　月　日	

员工培训实施计划表

培训班名称		本年度培训班次		培训地点		培训负责人	
培训目的							
培训对象		培训人数		培训时间			
教学目标							

续表

培训科目	科目名称	培训班次	讲师姓名	培训时间	培训地点	备注
培训进度	周次	培训内容摘要				备注
	第1周					
	第2周					
	第3周					

员工培训费用预算表

编号：　　　　　　　　　　　　　　　　　　申请日期：　　年　月　日

课程名称		日期		地点	
费用预算明细					
1.教材					
2.讲师报酬					
3.讲师交通费					
4.讲师住宿费					
5.讲师膳食费					
6.其他费用					
费用预算明细					
7.合计费用					
8.预支费用					
参加培训人员名单（计　　人）					

部门	姓名	职称	备注

表单三：员工日常管理的表单

员工考勤统计表

编号：　　　　　　　　　　　　　　　　　填表日期：　　年　月　日

姓名	所属部门	出勤天数	应出勤天数	请假				迟到累计时间	早退累计时间	备注
				事假	病假	产假	其他			

员工请假申请表

编号：　　　　　　　　　　　　　　　　　填表日期：　　年　月　日

姓名		所属部门		填表日期	
请假类别	□事假 □病假 □婚假 □产假 □丧假 □其他（请注明）				
请假事由					
请假时间	年　月　日至　　年　月　日				
部门负责人意见					
人力资源部意见					
主管副总意见					
总经理意见					

表单四：员工差旅管理的表单

员工出差申请表

填表日期：　　　年　月　日

<table>
<tr><td>申请部门</td><td colspan="3"></td><td>申请人</td><td colspan="2"></td></tr>
<tr><td rowspan="2">出差地点</td><td rowspan="2"></td><td rowspan="2">出差
人数</td><td rowspan="2"></td><td rowspan="2">出差时间</td><td colspan="2">年　月　日　时至</td></tr>
<tr><td colspan="2">年　月　日　时</td></tr>
<tr><td>交通工具</td><td colspan="3"></td><td>所需费用</td><td colspan="2"></td></tr>
<tr><td>出差事由</td><td colspan="6"></td></tr>
<tr><td>部门经理签字</td><td></td><td colspan="2">行政部经理签字</td><td></td><td>总经理签字</td><td></td></tr>
</table>

第三章 会议接待管理

我国《公司法》中，存在一种“一人公司”，这并不是说“一个公司里只有一个人”，而是指一个股东持有公司全部的出资或股份，即整个公司只有一个股东，其他所有人则都是在为老板“打工”，并从老板那里领取“薪水”。

实际上，任何企业都有一些由数人组成的团队，很多时候还会将企业大团队的目标分解为多个部门小团队的目标，从而在企业内部呈现一种团队“联盟”的态势。在企业中，人与人之间要商量一些事情，一般通过会议的方式进行讨论，这些会议有股东大会、部门会议等；另外，正如一个人有正常的社会交往需求和行为，企业也有自己的“社交”行为，这就需要企业做好接待工作。实际上，企业的会议工作与企业的执行力直接相关，接待工作则直接关系到企业的形象。

那么，如何高效而有序地开展会议与接待工作呢？这就是我们接下来要解决的问题。

企业常见会议的种类

会议不仅是政府机关的一项重要工作，也是企业的一项重要工作。会议质量直接关系到企业的运营效率。在实际工作中，会议工作通常由行政部负责具体组织与落实，因此，行政人员增加对会议知识的了解，有助于改进工作质量。

从大的类别上区分，会议通常可分为三类：第一类属于常规会议，第二类属于特种会议，第三类属于专业会议。我们接下来对这三类会议分别进行了解。

1．常规会议

这类会议主要是按《公司法》和惯例召开，有一定的程序性和规范性。常规会议又可以进行如下分类。

（1）股东会或股东大会。从理论上来说，凡是持有该企业股权（股份）或股票的人均为股东，一般由持股最多的股东召集和组织股东会。按照《公司法》规定，股东会是股份制企业的最高权力组织，它可以制定和通过公司的章程，批准经营方针和计划，决定公司扩大、撤并、改组，选举董事会、监事会成员，任命公司重要人事以及处理公司的资产、资金、技术、人员等方面的重大问题。

（2）董事会。股东会选举或推荐的董事、执行董事、董事长或董事局主席，组成董事会。董事会作为股东会闭会后的执行机构，负责执行股东会的决定、决议和各项决策，并定期向股东会报告执行情况，听取股东的意见与建议。

（3）监事会。股东会选举或推荐的监事、监事会主任或主席，组成监事会。监事会为股东会闭会后的监督机构，监督董事会、总经理或总裁的工作情况，包括是否有违背或不执行股东会决定、决议的行为以及董事会成员、总裁或总经理、其他高层管理人员的贪污受贿、工作渎职等问题，并负责报告股东会。

（4）总经理（或总裁）办公会。一般情况下，企业或企业集团都会有总经理或总裁办公会议，参加成员有副总经理（或副总裁）、总经理助理、办公室主任，有时根据会议内容需要，还会请董事长或执行董事参加，也可请总工程师、总经济师、总会计师列席会议。会议内容主要包括近期经营计划、企业管理、人事任免、招商引资、新品开发、企业的重大活动，还包括生产经营中的资金、技术、策略等带有全局性的问题。总经理办公会由总经理（总裁）主持，时间根据企业情况自行决定。

（5）公司中层干部会议。分公司经理、部门经理、部和室的主任等，统称高管人员。公司中层干部会议有两种，一种为公司直属的部（或称为科、处）、室主任会议；还有一种是分公司经理、部门经理、生产企业等负责人的会议。高层管理人员会议一般由总经理或总裁主持召开，也可以由总经理委托副总经理召开。会议内容一般包括传达贯彻董事会、总经理办公会的工作部署和重要决策，讨论研究解决生产经营上的具体问题以及其他需要高管会议研究解决的问题。

（6）员工大会或员工代表大会。一般来说，中小企业人数较少，便于定期召开员工大会；有些大型企业或集团公司，人数上千、上万，甚至数十万，人数过于庞大，一般难以召开员工大会，而是召开员工代表大会。员工大会或员工代表大会的主要内容是向员工报告一段时期的企业经营状况以及企业今后的发展方向，传达董事会的重要决定和决议，广泛听取员工对企业的意见、建议和要求，对先进单位、先进员工和劳动模范进行表彰和奖励等。这种会议一般由总经理主持，董事长、董事、监事会主任、监事都参加，一般一年召开一次。

2. 特种会议

这种会议的“特殊性”在于既没有法规规定，又不是例行会议，在会议的时间、规模、议程上也不受限制，通常是以经济、贸易、技术等为主要内容的多边主体的一种会议形式。特种会议又可以分为下述几个种类。

（1）庆典型会议。该种会议主要包括开业典礼、周年纪念、传统节日等庆典活动，其主要目的是借此提高企业的知名度、开展促销活动等。

（2）会展型会议。该会议是利用开会的形式，进行产（商）品展览、博览、展销、展示、洽谈项目、招商引资、技术合作等，在实际运用中主要有展览会、博览会等形式。

（3）其他会议。除了上述特种会议，还有招商引资经贸洽谈会等会议形式，读者朋友可以在实际工作中进一步了解。

3. 专业性会议

该种会议是指为了解决企业内部经营、生产、管理等过程中的实际问题而召开的一种会议，一般没有固定模式、规定时间、参加人数，而是依据企业的具体情况来定，比如企业的安全生产会议、质量检验会议、技术研究会议、财务分析会议、保卫工作会议、新品研发会议、市场开发会议、防治污染会议、环境卫生会议、宣传公关会议、后勤保障会议、员工生活管理会议等。专业性会议一般由副总经理或部门经理负责，定期或不定期召开。

如何筹备一场会议

一般情况下，不同种类的会议，其筹备方式也会有所区别。我们透过纷繁芜杂的会议表象，从中总结出筹备会议的一般步骤，从而为读者朋友提供参考。

1. 确定会议名称

会议名称即会议的主题，如“销售分析会议”等。规范的会议名称通常由三部分组成，分别是会议范围、会议内容和会议性质。

2. 初步确定会议步骤

会议步骤包括会议的议程、程序、日程等。议程是会议议题的先后顺序，是会议程序的基础；程序是对会议各项活动，如各种仪式、领导讲话、会议发言、参观活动等，按照先后顺序做出安排；日程是对会议的活动逐日做出安排，是程序的具体化。一般来说，会议步骤是会议有序进行的保证，一经确定，不可随意变动。

3. 草拟会议通知

会议通知一般包括会议的名称、开会的目的和主要内容、会期、会议地点和食宿地点、与会人员、报到的日期和地点、需要携带的材料和数量及材料的打印规格、个人支付的费用、主办单位、联系人和联系电话等要素。

4. 会议经费预算

会议经费预算开支的项目一般包括与会人员的食宿费、会场的租用费、会标的制作费、会务组和工作人员的房费、胶卷购买和冲洗费用等。有时需要邀请专家前来，还要涉及支付给专家的讲课费、交通费等。

5. 办理会议报批

企业举办或参与的一些重要的会议通常需要领导审批。为此，行政部在向上级领导提出会议请示时，应该讲清开会的理由、会议的议程、会议的时间及会期、地点、参加会议的人数和人员级别、会议的经费预算和准备情况等。

6. 下发会议通知

下发会议通知时要注意两点。一是会议通知下发要及时、适当。下发过早，参会人员容易遗忘；下发太迟，与会人员可能来不及准备参会，从而降低会议的出席率。二是会议通知发出后要抓反馈，尽可能索要会议回执。行政部在会前1～2天还要与参会者再次联系，以确保与会人员能够按时参会。

7. 准备会议材料

会议材料主要有三种：一是会议文件，包括下发的正式文件、文件讨论稿或征求意见的文件；二是讲话材料，包括领导讲话材料、书面交流材料和会议发言材料；三是会议主持稿。

8. 选择布置会场

凡是开会，总不可避免地需要借助一定的场所。会场条件的好坏、舒适与否，对与会人员的心理会起到不可忽视的作用，甚至直接影响会议的效果。因此，行政部要重视会场的选择和布置。

9. 明确人员分工

一般来说，会议的会务人员可以分为三组：一是秘书组，负责会议文件、领导讲话稿等材料的起草，整理会议记录，编发会议简报和会议材料的归档等工作；二是材料组，负责会议材料袋的购买、材料的装袋和分发以及会议的签到等工作；三是接待组，负责与会人员的食宿安排、会场布置以及工作人员的安排，如礼仪人员、服务人员和摄影人员等，此外还要做好会议经费的预算工作。

10. 会前全面检查

会前的全面检查是进一步落实会议准备工作的重要环节。会前检查一般分为三个步骤：一是听取会议所有筹备人员的口头汇报；二是到现场实地检查，包括会议材料的准备情况和会场的布置工作；三是针对可能出现遗漏的问题，进一步采取补救措施。为了进一步提升会前检查的质量，一般要邀请有关领导亲临现场给予指导。

会议期间的管理工作

一场会议开始正式举办后，就进入了会议期间管理的环节。一般来说，行政人员在会议期间的管理工作主要包括以下内容。

1. 会议签到

为了准确了解与会人员的出席情况，在会议开始时，行政经理要吩咐会议工作人员做好入场签到工作，统计好出席、列席和缺席人数。

2. 接待与会人员

行政经理要安排接待人员做好相关工作。对于大型会议，在必要的情况下，行政经理可能要亲自接待来宾。在接待与会人员时，行政人员要注意接待礼仪、规格等。

3. 管理会议资料

当会议资料较多时，资料的管理也成为会议工作中的难点。会议工作人员不仅要将资料分类，还要掌握好资料的剩余量，做到对会议资料心中有数。

4. 跟踪会议进程

当会议议程发生变化时，行政人员要及时通知每一位与会人员，对于无法处理的问题，行政经理和会议工作人员要及时进行协调。会议工作人员还要记录会议期间的电话、传真，做到及时处理各类信息。

5. 做好会议记录

在会议期间，会议工作人员还要安排好人员如实做好会议记录，记录的措辞要符合实际且简明扼要。

6. 保障现场通信畅通

在会议中，保持通信畅通是开好会议的基本条件。因此，行政经理在选择开会地点时，应重点考虑通信条件。对于需要做好保密工作的会议，可以规定与会人员在一定时间内不得与外界联系，但必须保证会议内部之间的通信畅通。

7. 会议保密措施

在实际工作中，有些会议是需要做好保密措施的。比如，产品鉴定会一般会涉及公司的研发机密，在这种情况下，会议的保密工作就显得十分重要了。为此，行政经理和会议工作人员要做好会议现场的保密工作，严格执行企业有关保密工作的规定。

8. 协助做好新闻报道工作

一些具备一定社会影响力的会议，也常常为新闻界所关注与报道。对此，会议工作人员应根据会议的纪律、规定和行政经理的指示，协助记者等新闻媒体从业者做好报道工作。

9. 举办会议活动

这主要包括会议参观活动和会议文体活动。会议参观活动是把参观会议本身作为主要内容，以增加与会人员的感性认识，或者是在会议休闲期间组织相关参观活动；会议文体活动是为了活跃会议气氛，在会议间歇时间组织与会人员欣赏电影、戏剧、曲艺等。

10. 做好会议后勤工作

这主要包括安排与会人员食宿和交通、组织会议安保、进行会场清洁等。

11. 处理会议突发事件

在会议期间若发生意外事件，会议工作人员则应首先尽快通知相关责任人，并立刻调动相关资源予以处理，必要情况下，及时通知上级领导，反映问题，并征求相关处理意见。

会议之后的管理工作

在实际工作中，不少人只重视会议筹备与会议期间的工作，会议一结束，就自认为“完事大吉”，这种认识其实是不妥的。一般来说，会议结束后，具体组织会议的行政部门还有些后续的事情要做，这就是我们接下来要了解的内容。

1. 检查会后现场

会议结束后，行政经理要督促会议工作人员做好会场检查工作，查看是否有遗漏的物品。行政经理还可以实行清单检查制，即按照会议之前的设备清单予以核实，然后回收剩余的资料、文具、礼品等。

2. 清理会后现场

检查会后现场无误后，对于在本公司召开的会议，行政经理应指挥会议工作人员清理会场留存的相关物品，确保会场干净、整洁；对于租用场地的会议，则要将属于公司的物品整理、清点好，以防遗漏。

3. 评估会议

会议结束后，行政经理要对会议进行评估，以确保会议组织质量与效果，从而为下一次组织更高质量的会议做准备。

4. 收退会议文件

这是指会议工作人员在会议结束时，根据规定清理会议上发的文件，并将其退回组织会议的行政部。该项工作主要在机密程度较高的会议后来做。

5. 对会议文件进行立卷、归档

这是指在会议结束后，依据会议文件的内在联系将会议文件予以整理，归入档案。该项工作是会议结束后的一项重要工作。

6. 催办落实会后事务

对于会议上决定的相关事项，在会议后，行政部往往还需负责相应的催办工作，从而确保落实。

7．处理会后其他事务

这主要包括送别与会人员、处理遗忘物品、寄感谢信、打印会议记录、印发会议纪要和决办通知等。

8．制作会议简报

在实际工作中，有些简报是在会议期间编发的，用以介绍会议的最新进展；有些简报是在会议之后编发的，用以通报会议的相关内容。一般来说，编写简报需要经过记录、构思、整理和校对4个环节。

9．会议费用报销

当会议结束后，会议工作人员往往要报销所有的会议费用。为此，会议工作人员要依照规定将所有会议费用清单按时交给财务部门，由财务部审核。

每一场会议下来，负责组织会议的企业不可避免地要支出一定费用。如何确保会议费用不浪费，控制好会议成本呢？这就是我们接下来要了解的内容。

会议成本的管控

开会通常需要耗费一定的成本，成本的计算公式为：

会议成本=会议工时成本＋效益损失成本＋会议直接成本

所谓“会议工时成本”是指将与会者的会议准备时间、到达会场需要的时间以及会议工作人员的时间等因素转化为金钱成本。这个金钱成本主要由与会者和会议工作人员的平均工资构成。

所谓“效益损失成本”是指由与会者参加会议，离开原来的工作岗位而造成的生产、管理、市场反应的滞后等损失。举例来说，在公司的周例会召开时，可能正好有潜在客户打来电话，由于前台或者秘书未能恰当地处理好，造成这项本可能成交的业务归于失败。这就属于一种效益损失成本。

“会议直接成本”包括与会者到达会场的旅行费用以及会议期间的住宿、交通、会场的租金、相关文件资料等费用。一般来说，这些费用都比较直观、清晰，也比较容易预估和统计。

在了解会议成本的构成之后，接下来要面对的是如何有效控制会议成本。这里可以根据优化会议成本的三个构成因素，探讨降低会议成本的方法。

“会议工时成本”涉及人员越多，占用人员的工作时间越多，无形当中在会议期间支付的薪酬就越多，工时成本就会越高。因此，行政部作为具体组织会议的部门，应该了解清楚会议需要哪些人参加、不需要哪些人参加，这样有利于尽可能降低不必要的工时成本。

当然，参加会议的人员数量要控制合理，既不宜太多，又不宜太少，要根据实际需要来定。另外，会议组织者要控制会议按流程进行，掌握好时间，尽量不要推迟或延长会议；对每个与会者的发言时间应该酌情限定。为了确保会议做出的决定能够予以实施，会议得出的决定和结论应该落实到部门或人，并严抓执行，必要时安排会后跟踪，以确保会议的决定和结论能够有效实施。

关于“效益损失成本”，行政部在组织会议时，应该明确通知与会人员要交代好业务情况，从而确保与会人员在开会期间也不会影响正常的业务往来。同时，与会者要明确会议目的，做到事前准备充分，发言有的放矢，以积极、正面的心态面对会议，从而使得自己参加的会议有效果。

关于“会议直接成本”，对于公司内部的会议，一般来说，由于基本不涉及场地租金、交通费等费用，因此产生的直接会议成本非常低；对于在公司外召开的会议，就要考虑租用场地、交通位置是否方便、住宿费用等问题，要在确保不影响会议规定质量的前提下，尽可能降低不必要的会议成本。

总的来说，在企业的发展中，很多好的决策就源于会议。当然，会议不宜过多，要努力让每一次会议都开得充实而有必要，并积极落实会议中形成的各项决策，即让会议“接地气”。这样，不仅会议成本得到管控，而且从会议中获得的效益能更好地促进企业的发展。

企业电话会议和视频会议

这里主要介绍两种不同于传统会议的会议形式——电话会议和视频会议。在某些情况下，电话会议和视频会议较传统会议具有不可替代的作用。

举例来说，我有个朋友曾经在一家国际性的市场调研公司工作，在每次执行项目前，其部门都会在公司里找个会议室召开项目培训会议。在培训中途，有的时候，遇到疑难问题需要咨询在外地出差的领导，培训师就会用手机给身处外地的领导打电话，在必要情况下，培训师会打开手机的外放，这样领导通过电话可以进行现场培训，包括现场解答与会者的所有问题。有的时候，我这个朋友所在的公司还会专门组织电话会议，由不在现场的培训者给与会者做培训。这其实就是电话会议在实际工作中的运用。

我还有个朋友曾经在一个教育集团工作，该教育集团在全国多个城市设有分校，每天早上都需要开一个例行会议，由于很多分校距离集团总部过于遥远，每天赶过来开会显然不可能，再者交通费用也太高。因此，该教育集团就采用了网络视频会议，与会者坐在分布于不同城市的会议室里，每个会议室里都放着一个大型屏幕，可以在屏幕中分区块显示各个会议室的与会情况。大家通过网络技术可以召开远程视频会议，所有与会者的发言均可以实时传递，整场会议还可以录制下来，便于以后回放，这给这家教育集团的会议管理带来了很大便利。

在实际工作中，行政部不仅要负责组织传统类型的会议，有时还要组织电话会议和视频会议。接下来，我们就分别了解电话会议和视频会议。

1. 电话会议

所谓电话会议，主要是指将电话机作为工具，以电话线为载体来开会的会议模式。与传统的会议相比，电话会议具有以下优势。

（1）电话会议打破传统会议在空间上和时间上的局限性。我们无论是在办公室、出差在外，还是在家中休息，甚至在国外，只要身边有电话（包括手机），都可以召开或参加会议，不必受空间和时间的限制，极大地增强了会议的便利性。

（2）召开会议速度的便捷性。对于一些紧急会议，有的时候现场组织可能来不及，这个时候，通过电话会议就可以迅速把有关人员召集起来，并快速做出正确的决策。

（3）资料实时保存。一般来说，电话会议方便使用录音功能，从而确保会议的准确性和完整性。

电话会议的示意图见图3-1。

图3-1 电话会议示意图

2. 视频会议

电话会议固然有传统会议难以比拟的优势，但是电话会议毕竟“只听其音，未见其人”。如何像面对面一样开会呢？这就有了视频会议。所谓视频会议，是指位于两个或多个地点的人们，通过通信设备和网络，进行面对面交谈的会议。

一般来说，视频会议系统由视频会议终端、视频会议服务器（Multipoint Control Unit，简称MCU）、网络管理系统和传输网络四部分组成。其中，视频会议终端是位于每个会议地点的终端，其主要工作是将本地的视频、音频、数据和控制信息进行编码打包并发送，并将收到的数据包解码还原为视频、音频、数据和控制信息。

视频会议服务器（MCU）为两点或多点会议的各个终端提供数据交换、音/视频处理、会议控制和管理等服务。MCU的规模决定了视频会议的规模。

网络管理系统是会议管理员与MCU交互的管理平台，在网络管理系统上可以对MCU进行管理和配置，包括召开会议、控制会议等操作。

传输网络可以使会议数据包在各终端与MCU之间传送，因此，安全、可靠、稳定、高带宽的网络是保证视频会议顺利进行的必要条件。

远程视频会议如图3-2所示。

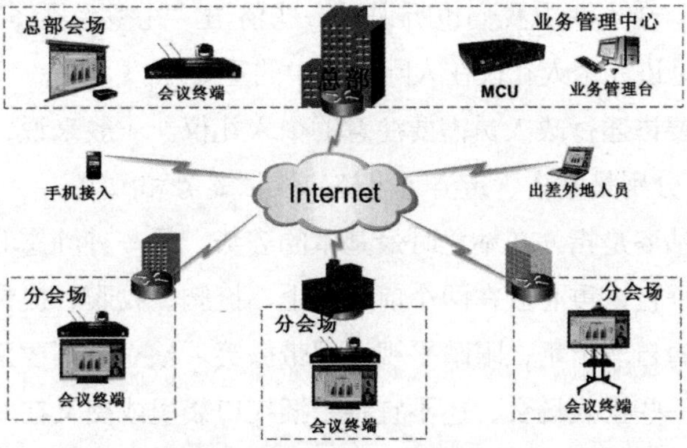

图3-2 视频会议示意图

另外，在实际工作中，由于4G（即第四代移动通信技术，网络传输速率比3G更快）网络、Wi-Fi（指一种允许电子设备连接到一个无线局域网的技术）的普及，腾讯QQ、微信群也逐渐有了视频功能，对于一些小型的会议，我们甚至可以通过QQ、微信这样的聊天软件进行。

总之，电话会议和视频会议给会议组织工作带来了很多便利，我们可以根据实际需要，灵活运用传统会议、电话会议和视频会议为我们服务。

行政接待的礼仪要求

行政人员在实际工作中经常面临迎来送往的情况，在这个过程中表现的优劣不仅关系到企业的形象，还关系到相应业务的成败，为此，行政人员在与人打交道的时候务必遵守礼仪。一般来说，礼仪是在人际交往中，以一定的、约定俗成的方式表现律己敬人的过程，涉及穿着、交往、沟通、情商等方面的内容。掌握礼仪是我们在生活中不可缺少的一种能力。

我国春秋时期的儒家创始人孔子说："有礼则安，无礼则危。故不学礼，无以立身。"在生活中我们也听说过一些俗语"礼多人不怪""伸手不打笑脸人"等，可见讲究个人礼仪在人际关系中的重要性。

这里主要讲述行政人员需要注意的个人礼仪。一般来说，个人礼仪主要包括5个方面，分别是站姿、走姿、坐姿、谈话姿势和微笑。

其中，站姿是指人在站立时最基本的姿势，是一种静态的美。站立时，身体应与地面垂直，重心放在两个前脚掌上，挺胸、收腹、提臀、抬头、双肩放松，做到双肩自然下垂，眼睛平视，面带微笑。站立时不要歪脖、斜腰、屈腿等，甚至在一些正式场合，还不宜将手插在口袋里或交叉在胸前，更不要下意识地做些小动作，否则不仅显得拘谨，给人缺乏自信之感，还有失仪态。

我国有句古语"站如松，行如风"，对走姿做了概括性的描述。一般来说，走姿最能体现一个人的心情、态度和修养，它是站姿的延续性动作，也是一个人气质的体现。在走姿方面，男士和女士会因性别不同而有所区别。总的来说，男士要步履雄健有力、不慌不忙，展现雄姿英发、英武刚健的阳刚之美，常见的男士走姿是"平行步"，其要领是双脚各踏出一条直线，使之平行，步伐快而不乱，与女士通行时，男士步伐应与女士保持一致；女士要步履轻捷、优雅，步伐适中，不快不慢，展现出温柔、矫健的阴柔之美，女士常见的走姿是"一字步"，要领是行走时两脚内侧在一条直线上，两膝内侧相碰，收腹、提臀、肩外展，头正颈直，微收下颌。

坐姿是一种静态造型，端庄、优美的坐姿，会给人以文雅、稳重、自然大方的美感。正确的坐姿应该是：腰背挺直，肩放松；女性应两膝并拢，男性膝部可以分开一些，但不要过大，一般不宜超过肩宽；双手自然放在膝盖上或椅子扶手上。在正式场合，入座时还要做到轻柔和缓，起座时要端庄、稳重，不可猛起、猛坐，弄得桌椅乱响，造成尴尬气氛。无论何种坐姿，上半身都要保持端正，如古人所言的“坐如钟”。

谈话姿势往往能够反映一个人的性格、修养和文明素质。在交谈时，双方要互相正视、互相倾听，不能东张西望、看书看报、面带倦容、哈欠连天，否则会给人心不在焉、傲慢无礼等不礼貌的印象。

微笑可谓是一种国际礼仪，能充分展示一个人的热情、修养和魅力，在面对客户、宾客及同事时，要养成微笑的好习惯。微笑是展示善意的重要途径，也是人际交往中一项非常重要的礼仪。同时，心理学家研究表明，微笑有助于降低心理压力、开阔思路，从而有利于更好地解决问题。

除了上述5种个人礼仪之外，行政人员在工作中还要注意在捡东西或者系鞋带的时候，要自然大方地蹲下，避免做出弯腰、撅屁股的不雅动作。

上述5种个人礼仪是一个人在人际交往中的礼仪基本功，此外还有握手礼仪、问候礼仪、电话礼仪、会议迎宾与接待礼仪、乘车礼仪、上下楼梯礼仪、出入房间礼仪等，我们在此不再专门阐述，有兴趣的朋友可以参考相关社交礼仪类的书籍。

最后，希望每位行政人员都能知礼仪、懂礼仪、守礼仪，相信这样的您每到一个地方，都会受到人们的欢迎！

如何接待不同类型的客人

行政人员平时主要与“人”和“事”打交道，因此，掌握与人打交道的本领也是一项很重要的能力。在现实中，每个人都有不同的个性，与某个人交往的方式，换成另外一个人，可能就不太适宜了。同样，行政人员平时要接待的来公司访问、参加会议等的客人的数量很多，面对的事情往往也纷繁芜杂，那么，如何快速掌握与不同人打交道的本领呢？

在长期的社会交往中，我们发现人们的个性看似形形色色，但也是可以予以分类的，正所谓“物以类聚，人以群分”。大体上来说，“人之初，性本善”，但是人们在社会上经过若干时间的历练后，性格与价值观取向会发生变化，正如古人所说的“性相近，习相远”，在经历社会“熏陶”后，有些人内心方正，有些人内心圆滑，有些人对外方正，有些人对外圆滑。这些特点交叉组合就形成了4种形态，大体上构成了4种性格类型，即内方外方、内方外圆、内圆外圆、内圆外方。

行政人员日常接待的客人，无论其外在身份如何，性格特征往往都在这4种类型之中。接下来简述与这4种类型的人交往时宜采取的方法，以供参考。

1. 对“内圆外方”的人要灵活变通

这种类型的人往往满口“正义”的言辞，做起事来却往往只顾一己私利，善于搞“言行两张皮”，玩弄“两面术”，所以极具迷惑性。对于这种类型的人，我国古语“金玉其外，败絮其中”道明了其本质。

同这种类型的人打交道时，由于他们总是嘴上一套、心里一套，因此既不能不听他们说的，又不能完全相信他们说的，要根据情况灵活变通。具体来说，我们要搞清楚各方面的信息，分析他们内心的真实想法，从而对症下药，巧妙引导，将其引入正确的轨道。

2. 对“内圆外圆”的人要有板有眼

这种类型的人不仅在为人处世上圆滑老到，而且内心对自己并无什么约束，甚至底线，往往信奉“利字当头”，因此被称为“内圆外圆”，可谓“表里如一”。在现实中，这种人有时又被称为“市井无赖”“街头小人”，他们一般没什么大的志向，也难成大器。

同这种类型的人交际，就要有板有眼，讲究原则。因为他们几乎没有做人的原则，可能表面上把话说得“冠冕堂皇”，可做出来的事情却是“损人利己”。对他们的不当做法，应该明确指正，而非“顾及面子”“忍气吞声”，因为这种类型的人没有自律的底线。同时，与“内圆外圆”的人打交道时，要有所提防，不应过于相信他们。

此外，“内圆外圆”的人通常很清楚自己的缺点，所以也害怕别人对其“不讲义气”“不守诺言”。因此，我们在和这种类型的人打交道时，不妨清楚地示意他们：如果你讲信用，那么我就守诺言；你若“不仁”，我就“不义”。在这种做法的引导下，“内圆外圆”的人会权衡利弊得失，有利于其步入正确的交际轨道。

3. 对“内方外圆”的人要有礼有节

这种类型的人往往洁身自好、处世练达，看似唯唯诺诺、谨小慎微，却在有灵活性的基础上，也不失原则性。他们既聪明强干，又锋芒不露、喜怒不形于色，所以在复杂的人际、利益关系中能够四平八稳、八面玲珑，而且游刃有余。在实际工作中，这种类型的人“外圆”，能够协调、凝聚众人；“内方”则对组织目标矢志不移，有原则性，往往在组织中起重要的作用，甚至担任重要的领导职务。古往今来，洞明世事的诸葛亮、谦虚自律的曾国藩，均为这类人物的典型代表。

我们在同“内方外圆”的人打交道时，务必做到有礼有节。这是因为，“内方外圆”的人看似表面随和，内心却厌恶粗鲁、仇视邪恶，因此缺乏礼仪修养、做事没有分寸的人很难成为“内方外圆”者的至交。举例来说，《三国演义》中的魏延，在个性上存在争强好胜、爱出风头、背后指责领导（如诸葛亮），甚至消极对待领导下达的工作指示的缺点，这让诸葛亮即便在临终前也放心不下，终于设计在自己死后令马岱斩杀魏延，并夷灭魏延三族。

一般来说，我们在同“内方外圆”者打交道时，要表现出积极、健康、向上的交往心态，切忌表现出“低三下四”的言行举止，要做到有节有度。由于

“内方外圆”者平时“喜怒不形于色”，即便对别人反感，一般也不会把情绪表现在脸上，从而让别人难以捉摸透他们的心理，但是“内方外圆”者的内心是有正义感、责任感的。所以，同“内方外圆”者打交道，一定要讲究分寸，把握适度，决不能因为看到他们脸上挂着“微笑”，就忘乎所以，甚至得寸进尺，否则就有可能陷入人际交往失败的漩涡。

4. 对“内方外方”的人要诚实委婉

这种类型的人在日常交往中一般是直来直去、有棱有角，由于性格太直，很多时候不讨人喜欢。他们往往处世认真，不留余地；做事投入，过于突出；活力四射，难免张扬；才华过人，忘记平衡。历史上，这些人的一个典型特征是“不为五斗米折腰”，我国东晋时期的陶渊明就是因为受不了在上司面前“弯腰行礼”“低三下四”，便放弃了一个月五斗米的俸禄（相当于薪水），辞职回乡种田，后来写出流传千古的田园诗歌。

还有明朝的海瑞，一生公正廉洁，即使曾经在官场上一再被贬，也绝不对权佞阿谀奉承，海瑞后来死在南京任上，可谓“鞠躬尽瘁，死而后已”。海瑞死后甚至没有钱财办理丧事，为众人凑钱治丧。海瑞死讯传出，南京的百姓集体罢市，表示悼念。当海瑞的灵柩用船运回家乡时，穿着白衣、戴着白帽的人站满了两岸，祭奠哭拜的人百里不绝。明朝政府也追赠海瑞“太子太保”，谥号“忠介”。

一般来说，“内方外方”的人看似过于耿直，很多时候是空气的“去污剂”或道义的捍卫者。同“内方外方”者打交道时，应做到诚实，这是因为“内方外方”者不会口蜜腹剑、阳奉阴违，但往往是个值得信赖的人，所以要待之以诚，给予适当的关心爱护；另外，我们在与“内方外方”者打交道时，由于这种类型的人做事不够灵活、言辞不善变通，难免有时陷入尴尬境地，因此我们要注重用语委婉。

总的来说，“内方外方”者是心地纯正、刚直无私的人，我们在与他们打交道时，不能因为他们曾经“刺伤”自己，就对其耿耿于怀。另外，一个人的性格往往会通过其内在主观努力以及外在环境的影响而有所改变，因此，我们应该以发展的眼光看待他人的性格。

会议管理的关键点

在实际工作中，有些会议的效率比较高，能够取得较好的效果；有些会议用时冗长，效率比较低。企业无疑是希望召开效率较高的会议。为此，行政部在组织会议时，只要把握好一些关键点，并且做好这些关键点，往往就能取得事半功倍的效果。我们接下来介绍会议管理中的关键点。

1．做好会前准备工作

我国《礼记·中庸》里说："凡事预则立，不预则废。"也就是说，无论做任何事情，事前有准备都有助于取得成功，事前没有准备往往都容易失败。为此，行政部一定要在会前充分做好准备，明确开会的时间、地点、目的、内容、议程。做好充足的准备工作是保证会议顺利进行的必要条件。

在现实工作中，有的时候，行政人员忽略了会前调查，结果导致会议时间安排与关键人物的工作安排冲突，影响了会议的正常开展；有的时候，行政人员忽略了到会人员的数量，可能导致会场空间过大或不足，造成资源的浪费或不足等。可见，行政部一定要做好会前的准备工作。

2．规范会议议程

一般来说，会议的主要目的是充分整合与会者的智力资源，以达成共识和解决问题。为了确保集中与会者的注意力，使大家能够向某一个共同的方向思考问题，行政部在组织会议时，确定会议的议程是保证会议有序进行的关键。同时，行政部还应指定会议记录者。

3．掌握会议进度

通常情况下，会议都有时间限制，不能任意拖延，否则无异于浪费金钱；当然，会议进度也不宜过快，草草了事的会议往往达不到预期效果。因此，行政部要控制会议的进度，尽量在合适的时间内结束会议。

4．营造和谐的会议气氛

会议过程中冷场、僵局时有出现，影响了会议的和谐气氛，为此，行政部在组织会议时，应该提前对可能出现的场景进行预测，并做好应对准备。举例来说，当会议出现过于紧张与严肃的冷场时，会议工作人员，尤其是会议主持人应该及时观察大家的情绪，判别造成这种状况的因素，比如，是大家的自然反应，还是累了、烦了，或者问题没有弄清楚。在搞清楚原因后，会议主持人可以采取适当的方式，让会议气氛恢复活跃。

5. 确保会议结束时得出结论

每召开一次会议，往往是为了解决某个或某些问题，因此，会议结束时，应该能够有效地解决相应的问题，至少应该在解决问题的方向上有所前进。如果一场会议下来，与会者除了打几下“嘴皮官司”外，几乎对解决问题没有任何积极性的影响，那么这样的会议往往是不成功的、是没有效果的。

为了有助于会议得出结论，会议主持人在会议结束时可以采取权威决策（即由会议中的权威者单方面做出决策）、少数服从多数、无异议决策（即所有与会者对某项决策完全赞同）、头脑风暴法（会议主持者不发表意见，与会者自由讨论，从而提出尽可能多的方案，并从中选择最佳的方案）等方法达成决策，从而尽可能圆满地结束会议。

总的来说，会议管理是行政人员工作中的一个重要组成部分，如何优化会议管理也是行政人员需要长期历练的一项本领，因此，行政人员在平时工作中要勤思考、多总结，不断提升自己的工作能力。

行政接待的关键点

关于如何做好行政接待工作，我们根据接待工作的流程，从中总结出了9个问题，即9个“如何做”的问题。如果行政人员在接待工作中掌握了这9个“如何做”，就等于掌握了接待工作的关键。

1. 如何迎接客人

行政人员在迎接客人时，主要应做好5点，具体如下。

（1）确定迎送规格。通常须遵循身份相当的原则，尽可能确保主宾身份对等，当不可能完全对等时，可以适当灵活变通，比如由职位相当的人或副总出面，其他迎送人员则不宜过多。

（2）掌握客人到达和离开的时间，如有变化，则应及时通知有关人员，迎接人员应提前到达迎接地点，不能太早，更不能迟到；送行人员还应在客人离开之前到达送行地点。

（3）在必要时进行献花。所献之花要用鲜花，并保持花束整洁、鲜艳，忌用菊花、杜鹃花、石竹花、黄色花朵，可以只献给主宾，也可向所有来宾分别献花。

（4）针对不同的客人按照不同的方式迎接。比如，迎接大批客人时，可以事先准备好特定的标志，让客人从远处即可看到；对于首次前来，又不认识的客人，接待人员应主动上前自我介绍；对于比较熟悉的客人，接待人员则不必再自我介绍，仅向前握手，互致问候即可。

（5）给客人留下一定时间。当客人抵达住处后，接待人员不要急于马上安排行动，而是要给对方留下一定时间，然后再安排活动。

2. 如何称呼、介绍和握手

关于称呼，国际上的礼仪规则是对男子称“先生”，若男子地位较高，则可以直接称其职务（如“×总”）或“阁下”；对女子称“夫人”“女士”“小姐”，其中对已婚女子称“夫人”，对未婚女子称“小姐”，对不了解其婚姻状况的女子可以称“小姐”，年龄稍大些的可称“女士”。

接待人员在迎接客人时，难免需要介绍大家互相认识，总的礼仪原则是“先卑后尊”，即先把职位低的人介绍给职位高的人，再把职位高的人介绍给职位低的人。另外，关于握手礼仪，伸手次序是“由尊者决定”，在公务场合，职务高、身份高者先伸手；在非公务场合，年长者、女性先伸手。握手时，忌用左手、忌戴手套、忌戴墨镜、忌手脏等。

3. 如何陪车和引导

客人抵达后，接待人员在陪同乘车时，如果有专职司机开车，则主人坐在司机后面，主宾坐在主人的右侧；在上车时，最好请主宾从右侧门上车，主人从左侧门上车，主人要避免从主宾座位前挤过或穿过；若是主宾先上车，并坐到了主人的位置，则主人不必请主宾挪动位置。

如果是主人自己开车，则要请主宾坐到主人的右侧，即副驾驶的位置。在乘坐中大型面包车时，前座高于后座，右座高于左座；为客人关车门时，要先看清客人是否已经坐好，切忌过急关门，以免损伤客人。

当主人和宾客并排行进时，引领者要走在外侧，让来宾走在内侧；出入房门时，引领者要主动开门、关门；在出入无人控制的电梯时，引领者先入后出，主动操作电梯。

4. 如何安排座位次序

主人和宾客会见时，宾客的座位要安排在主人的右侧，翻译员、记录员安排在主人和宾客的后面，其他宾客人员按照礼宾次序在宾客一侧就座；主方陪同人员在主人一侧就座，座位若不够，则可以在后排加座。双方人员的排序由双方按照每个人的职务、地位、本次会见的内容等因素排定。

如果需要合影，则一般由主人居中，按礼宾次序，以主人右手为上，主人的右手位安排第一位来宾，主人的左手位安排第二位来宾，主客双方间隔排列。第一排人员既要考虑人员身份，又要考虑场地大小，即能否都摄入镜头。一般来说，两端均由主方人员把边。如果是上级领导前来视察，则在安排合影时，要将所有合影人员排出次序，每排再按开会时主席台上的就座次序排列。

5. 如何宴请

宴请宾客时主要有三个环节，即排好菜单、定好形式、排定座次。安排菜单时要考虑宾客之中有无禁忌。主方的宴请形式要选择适当，比如宴会、招待会、工作餐等形式，要根据实际需要来定。排定宴席座次时，若在圆厅中，则主桌位置居中为上，横排则以右为上，纵排则以远为上，有讲台的餐厅则以临近讲台为上；其他桌的位置，以离主桌位置远近而定，近高远低，右高左低；当桌数较多时，还要在餐桌上摆放次序排。

6. 如何观看节目

主人陪同宾客观看文艺节目时，一般以第七、八排座位为最佳；观看电影时，则以第十五排前后为好；对于专场演出，要把贵宾席留给主人和主要客人，其他客人可以安排座位，也可以自由出入。

若举办舞会，则时间应掌握在2个小时，尽量在晚上20:00—22:00。参加舞会的男女人数要相当，还要注意歌舞相间。男士要主动邀请女士跳舞，女士可以婉拒；女士邀请男士跳舞，男士不可拒绝。舞会快结束时，结尾曲要能让来宾感到舞会快要结束了。

7. 如何参观游览

主方可以结合宾客的来访目的、客人意愿和兴趣以及本地特色等因素安排参观项目；当参观项目确定后，主方应拟定详细计划，即先看什么、后看什么、在哪儿停车、在哪儿介绍、在哪儿上卫生间、在哪儿上车以及中间如何引导、如何衔接、由何人介绍情况等。总的来说，接待方要精心选择参观地点，掌握好参观过程中的进度。

8. 如何保持良好的仪表形象

接待人员如何在接待过程中保持良好的仪表形象呢？这主要包括6个方面：一是精神要饱满自然，态度要和善端庄；二是着装要得体，要能体现整体性、和谐性；三是多用礼貌用语，如“您好”“请”“谢谢”“对不起”“再见”等；四是尊重他人隐私，与人交往要做到五不问——不问年龄、不问婚否、不问去向、不问收入、不问住址，在现实生活中，向刚认识的人无所顾忌地询问这些问题，往往是一种失礼的表现，当我们“无礼”时，别人对我们可能也会“无礼”，那么合作就难以顺利开展，对此，我们要予以注意；五是体现女士第一，即时时处处做到女士优先、保护女士；六是餐饮要规范，就餐时要坐得端正、双腿靠拢、两足平放，双手和手肘部要离开桌子，不要放在或趴在桌上，以免有不雅的表现。

9. 如何签约

在签约时，双方参加人员一般进入签字厅，签字人员入座时，其他人员分主客两方按身份顺序排列于各自的签字人员座位之后。双方助签人员分别站在各自签字人员的外侧，协助翻文本，指明签字处。在主方保存的文本上签毕后，由助签人员互相传递文本，再在对方保存的文本上签字，然后由双方签字人员交换文本，相互握手。有时在签字后，备有香槟或红酒，共同举杯庆贺。

第四章 办公环境管理

记得有家国际知名公司为了给员工营造良好的办公环境，从而丰富员工的创意、增强员工对岗位的黏性、提升员工的工作效率，曾专门给每位入职员工无偿提供一笔不菲的“装修基金”，任由员工“挥霍”这笔钱来装饰自己的个性工位，并且从中评选出最有创意的工位。该公司此举引来了众多职场小伙伴的羡慕嫉妒恨。据说这家公司的英文名字叫Google，中文名字叫谷歌。

作为全球性的搜索引擎公司，随着全球搜索和广告业务的增长，谷歌的盈利能力极强，一度被戏称为“躺着也能赚钱”。一般来说，能够达到谷歌这种“富豪级”的企业并不是很多，在办公环境方面，虽然没有多少企业能像谷歌一样给员工发放“装修基金”的“红包”，去供员工追求个性化，但是在致力于办公环境改善与管理方面，任何企业都是责无旁贷的。实际上，谷歌这种鼓励员工装修和装饰工位的做法，也是一种办公环境的管理活动。

办公环境不仅影响人们对一家公司的看法，还会影响在这种环境下工作的员工的心情与做事效率，也能折射出一家公司的管理状况。我们接下来了解怎样做好办公环境管理等问题。

办公室环境设计

一般来说，人类社会的基本活动可以归纳为居住、工作、游憩、交通4大类，而办公则是人类最主要的工作活动之一。随着人类办公活动的发展，办公空间在逐渐演变，办公环境也在日益发展，关于办公环境的设计也越来越呈现专业化的特点，正逐渐成为行政部工作的一部分。因此，行政部很有必要了解办公环境设计的相关常识。

办公环境又称为办公室环境，是直接或间接作用和影响办公过程的各种因素的综合，是某个组织机构的所有成员在工作时所处的环境。一般来说，人在办公时所处的环境既有软性环境（即人文环境），又有硬性环境（即自然环境）。其中，人文环境包括文化、教育、人际关系等，自然环境包括办公室所在地、建筑设计、室内空气、光线、颜色、办公设备、办公室布局等。在设计办公环境时，软性、硬性环境均是考虑的对象，尤其要注重在硬性环境里浸入软性环境的理念。

另外，办公室所在的办公类建筑的室内空间按照使用性质、规模与标准的不同，又可以分为办公空间、公共空间、服务空间和其他附属设施空间等。办公类建筑的室内空间按照功能进行布局的情况见表4-1。

表4-1 办公类建筑室内空间功能区分布表

办公用房	普通办公室	单间式、单元式、公寓式
	专用办公室	设计绘图室、研究工作室
公共用房	会议室、接待室、陈列室、卫生间、开水间等	
服务用房	一般性服务用房	档案室、资料室、图书阅览室、储藏间、汽车停车库、自行车停车库、卫生管理设施间等
	技术性服务用房	电话总机房、计算机房、电传室、复印室、设备机房等

随着信息化、网络化办公的日益普及与成熟，办公类电脑基本普及，几乎每个工位、办公室都配置了具备上网条件的电脑设备。同时，办公空间基于不同的性质和用途，又可以分为以下4类。

行政办公，主要指用于行政管理和政策指导的空间，比如近些年兴起的“总部经济”，吸引企业的总部入驻，发展“总部基地”，“总部基地”所在的城市往往具有较高的知名度、号召力，典型的如国内一线城市北京、上海、深圳等。

商业办公，即工商业和服务业的办公空间。由于商业的需要，其办公空间比较注重形象风格，比如各类超市、专卖店等。

专业性办公，是为各专业单位所使用的办公室。这类办公空间具有较强的专业性，如银行、教育、科研等。

综合性办公，以办公空间为主，同时涵盖了公寓、展览、商场、酒店等场所，比如我国遍布很多城市的万达广场，既有商超、酒店，又有办公写字楼布局等。

总的来说，办公环境是为在其中工作的人服务的。在设计办公环境时要从人的身心需求出发才能创造出人性化的办公环境。为此，我们在设计办公环境时需要考虑3个基本要素，具体如下。

1. 人与机的关系

在现代办公设计中，应以为工作人员创造优质的工作环境为宗旨，以实现人与机器的有机协调为目的。为此，人性化办公空间的设计，要充分考虑并处理好办公设备、办公家具等与人的关系。

在当今互联网时代，办公设备主要有电脑、打/复印机、扫描仪、网络设备（如路由器）等。其中电脑更是很多人在办公过程中的必需设备，在办公环境设计中，我们应该将电脑作为一种“生产资料”的角色，尽可能转换为工作者的“伙伴”，让工作者自愿与电脑“接触”，而非因为到了“工作时间”才不得不接触。办公家具是一个人在工作时间内频繁接触的，如果桌椅设计不当，使用者觉得不舒服，就容易产生疲劳感，从而降低工作效率，为此，办公家具在设计上宜符合人体工程学等。

2. 人与人的关系

在工作中，人与人之间需要通过经常性的接触、有效交流才能产生互动，因此，办公空间应该成为同事间碰面、交流资讯并能在和谐的气氛中交流协作的场所。在设计办公环境时，还要在一定程度上考虑人对私密性的需求，这种私密性需求可以使人具有个人感，从而使其能够按照自己的想法支配自己的环境，还可以使个人不受干扰地、充分且自然地表达自己的感情以及界定个人在社会中的角色，并进行自我评价，进而达成自我认同。在实际办公场所中，我们经常借助办公隔断实现这种私密性需求，从而限制他人的行为，遮挡他人的视线，控制噪声干扰。同时，我们还要考虑人与人之间的交流与协作需求，在办公空间里提供一个鼓励人们交流与合作、刺激创造思维的人性办公空间，从而在一定程度上激发员工的创造力。

3. 人与环境的关系

人与环境的关系主要表现在两个方面，即人对环境的感知以及人对环境的需求。其中，人对环境的感知，也就是人们对环境的感受，比如，环境的空间、色彩、光照等都会给人带来不同的感受。在办公环境设计中，人是环境的主体和服务目标，因此要格外关注人对环境的需求。如今，人的环境需求主要表现在回归自然、尊重文化、高享受、高情感方面，为此，我们在设计办公环境时，可以适当地将绿色植被引入办公空间，将清新的绿意带到人们的身旁，从而体现人与自然的和谐，满足人对大自然的向往。

我们接下来对办公室设计中的3种主要风格，即开放式办公室、封闭式办公室和全景式办公室进行阐释。

开放式办公环境

我们在生活中可能听说过“开放式厨房”的设计理念，即让烹饪空间和就餐空间之间没有隔断，形成一个开放式的烹饪与就餐空间。开放式办公环境与“开放式厨房”的理念相似，各工位不是分别在一个密闭、隔断的空间里，而是同处一室，成为一个整体，从而构成一个更友好的空间氛围。开放式办公环境如图4-1所示。

图4-1 开放式办公室示意图

在实际工作中，很多企业采用了开放式办公环境。那么，开放式办公环境具有什么样的优点呢？

1. 便于灵活运用办公空间

在办公室装修和企业人员管理中，开放式办公室均是一个不错的想法，由于没有或减少隔断，在一定程度上增加了使用空间；办公室开放式的特点，使得工位设计更加灵活；同时，无论是新增人员，还是减少人员，都可以高效地应对员工位置的变化，从而使得办公空间在运用上更灵活。

2．便于同事之间的交流

由于开放式办公空间中各工位之间没有有形的墙壁和门窗，因此极大地促进了同事之间的交流，便于同事之间的熟悉，也有利于同事们形成团队，使每一位员工清晰地知道周边员工的角色，了解彼此的工作内容，增强合作，增加友情，强化团队精神。

3．有利于促进竞争和学习

一般来说，企业如果采用封闭的办公空间，则可能使得员工有机会“偷懒”或者做些“私事”，对企业工作效率的提高造成阻碍。我曾经去一家企业考察，该企业租用的办公场所中间是一条走廊，两侧分布着一间间办公室，普通员工均在这些封闭的办公室里，基本上每间办公室里6～8位员工。结果，办公室里的员工经常偷偷地在手机上玩游戏、娱乐，甚至安排好了“专人”预防领导突然前来，以便及时“报告”给大家，使得员工与领导之间玩起了“捉迷藏”。由于行政管理低效，结果这家企业开发的多款产品均因人浮于事、管理低效而草草收场。

相对来说，如果企业采取了开放式办公空间，就可以在更大范围内的同事之间实现彼此监督、竞争，还有利于形成同事之间共同学习的气氛，比如，可以看到做得好的人是怎么做的，有助于同事之间互相学习。同时，在开放式办公环境中，后进者在很大程度上受到公众监督，无形中也会跟着集体的工作步伐而获得适当的进步。

4．有利于消除孤独感

在采用封闭式办公空间的情况下，员工基本为个体“独立”或者小团体“独立”，这会在一定程度上形成各个办公室之间的“陌生感”，不便于员工之间的沟通，使员工产生孤独感，也不便于思路打开，很难提高工作激情。相反，开放式办公环境有利于员工之间更好地交流，增强大家的团队归属感，还可以消除不必要的孤独感。

尽管开放式办公环境有众多好处，但在实际工作中，并非意味着从此不再需要封闭式办公室，事实上，很多企业里的领导者、管理者，通常在某个封闭的办公室里办公，因此开放式办公环境与封闭式办公环境应该互相融合、互相补充。

封闭式办公环境

封闭式办公环境是指分隔成若干带有门、窗的独立小房间的办公室结构，每个房间给一个或几个人使用，带有办公桌等相应设备。相对来说，封闭式办公室由于被实体隔断（如墙壁）包围起来，在视觉、听觉等方面都有很强的隔离性，因此具有很强的区域感、安全感和私密性。

一般来说，开放式办公环境和封闭式办公环境是当今办公室设计中的两大布局，两者各有自己的优势、劣势以及共同点。我们通过表4-2比较开放式和封闭式两类办公环境的优劣及共同点。

表4-2 开放式和封闭式办公环境比较表

类别	优势	劣势	共同点
开放式办公室	1. 提高了办公环境设计的空间利用率，节省了面积 2. 管理者有更多的机会和员工接触，便于加深与员工的交流 3. 更易于管理者对员工进行监督和指导 4. 可以共享办公设备，形成集中化的管理和服务 5. 降低建筑成本和能源成本	1. 缺少单独办公的机会 2. 办公区域的噪音相对较大 3. 不利于集中工作注意力 4. 难于保密，不太适宜于会计和法律等对保密性要求较高的部门	1. 有办公桌椅 2. 有纸张、文具、文件的存放空间 3. 一般会有电脑、电话等办公设备
封闭式办公室	1. 保密性强 2. 易于员工集中精力，避免受到外界干扰，加强了办公室内部的沟通，适合于从事专业性强、分工细致的工作 3. 可满足单独办公和无噪音办公环境的办公要求，比较安全	1. 建筑成本和能源耗费成本高 2. 综合费用高 3. 影响企业的管理经营效益	

通过表4-2可以看出，开放式和封闭式办公环境有自己的优势、劣势，甚至在不同方面存在互补性，这也是现实中两者经常一起融合使用的重要原因。此外，随着办公环境设计理念的不断发展，现实工作中还出现了介于开放式办公环境和封闭式办公环境之间的办公环境类型，比如，有些企业采用玻璃墙隔断出“封闭式”的办公室，这些办公室也有自己的玻璃门，工作人员置身其中，看似进入了一个“封闭”的空间，而玻璃的透明性又使得这些办公室具备一定“开放性”的特点。

可见，办公环境的设计，是一项极富创意的工作，工作人员要在根据企业和工作的需要，在开放式和封闭式两大基本办公环境布局的基础上，敢于大胆创新，从而创造更有利于提升工作效率的办公环境。

花园式办公环境

随着社会经济的发展，企业在注重员工工作结果的同时，对员工的人文关怀也在凸显，并构成对员工的一项重要吸引力。因此，改善工作环境就成为一个很好的突破口。近年，流行的花园式办公环境，就迎合了这样的需求，并成为人们设计办公环境时的一个重要理念。

一个企业的经营效率，与企业中工作人员的工作效率有直接的关系。一个优雅的办公环境，对提高人的工作效率有十分重要的作用，也是促使会议、商谈顺利完成的催化剂。据调查，花园式办公环境能够使员工身心舒畅，从而有利于提高工作效率。随着很多工作对人们创意的要求日益增强，为员工提供一个有利于激发创造力的环境自然就变得很重要。为此，行政部在设计办公环境时，应对“花园式办公”的理念有所了解。

可能有人会问：“什么才是花园式办公环境呢？”其实，这主要是相对于传统办公环境而言的，花园式办公环境旨在为人们提供一种更加舒适，甚至人与自然和谐统一的环境。举例来说，在传统写字楼里，往往伴随电梯拥挤、停车难、人声嘈杂、空间拥挤的现象，这种混乱的办公环境会在一定程度上影响员工的工作效率，甚至难免让人产生一种“逃离”这种氛围的心理，久而久之，也不利于员工的心理健康。

举例来说，我们曾在一些医疗网站上做过调查，有些上班族反映自己患了“严重的抑郁症，不想上班，不想出门，不想说话”，这种抑郁症又往往会导致患者“情感低落、思维迟缓、意志活动减退”，同时影响工作效率。

相比较而言，在选择与设计花园式办公环境的办公建筑和空间时，企业会更注重对环境的绿化，注重人与自然的和谐统一，让员工身处工作区域之中，仿佛置身于一个美丽的“花园”。在这个“花园”中，有绿叶、鲜花、山石以及汩汩的流水、悦耳的鸟语，试想，人们置身于这样的环境中，没有等电梯的烦恼，没有停车难的牵绊，也没有人声嘈杂的打扰，显然更有利于激发一个人的创意和创造力。

实际上，“花园式办公”模式正在成为一种潮流走向，越来越多有条件的企业正在向“花园式办公”迈进，其他很多企业也正在让自己向“花园式办公”挺进。

另外，办公环境可大致分为3类，即员工个人工作环境、公共区域环境和上司工作环境。一般来说，一些强调行政级别的企业会在某种程度上强调员工工作环境与上司工作环境的差异性，比如，上司工作环境要更加舒适、宽敞、功能更为完备等，员工工作环境则相对简洁。这在花园式办公区域中同样可以参考前面提及的开放式和封闭式两大基础设计理念进行设计。此外，对一些强调组织机构扁平化、淡化行政级别、注重团队平等合作的企业来说，上司与员工同处于一个“花园”中办公，大家仅在工作上分工不同，在办公空间资源的占有上一视同仁，则更有利于团队在无压力、畅享自然之美的“花园”中集思广益、不断迸发智慧而形成创意的想法。

总的来说，花园式办公模式不但环境优美，而且注重人性化，有利于更好地彰显企业的形象，也标志着一种办公品质的提升，还是企业实力的象征。因此，行政部在设计办公环境时，可以根据企业现有的资源和经营特点，适当考虑“花园式办公”环境。

办公环境设计的注意事项

在进行办公环境设计时，通常会考虑很多因素，比如座位的摆放问题，一般来说，座位后面不宜有窗户或对着门口，否则自然光投射进来容易刺眼，或者门口外面来来往往的人影晃动也会给人很不舒服的感觉，同时安全感低、不利于保护个人隐私；公司内的走廊通常会给人留下深刻的印象，正常情况下，公司内的走廊宜呈笔直状，不宜过分地曲折；采光在办公环境设计中很重要，光线好有利于保证工作效率和质量的稳定，光线暗容易使人萎靡不振，不利于提升工作效率。

上述提到的办公室设计中需要考虑的因素，主要是具体细节方面。从大的方面来说，在设计办公环境时，有两个基本因素是必须要加以考虑的，具体如下。

1. 信息传递与交流的便捷性

企业内的员工在工作时，不可避免地需要沟通与交流。一般来说，企业内部运营效率的高低，与员工之间的沟通高效与否有密切关系。为此，行政部在设计办公环境时，需要考虑是否便于员工在工作中的沟通。

基于此，“便利沟通”经常作为考核办公环境优劣的一个重要因素。一般来说，我们可以利用开放空间的包容性，提高办公空间整体上的可视度和可达性，连接起开放的工位和协作空间，从而促进不同部门和团队之间高效地协作，形成和谐、高效办公的社区感。

另外，在设计办公环境时，企业可以提供各种必需的商务活动支持，使得员工即便身处各自的办公座位，仍能够快捷地与同事实现面对面沟通，将办公区间迅速转换为“小型会议平台”。在办公区域内，可以设计符合走动习惯的路线，方便同事之间的“走动式办公”，避免由于存在空间阻碍而打消或弱化彼此沟通的意愿。

举例来说，我们设计一个供员工自由交流的空间，这个空间既可以是一个正式的办公室，又可以是办公桌旁的小吧台，或者是转角处的一个讨论区，或者是一个给人轻松感的精致茶水间等。我曾经到访过一个出版社，在这个出版社的楼下有一个供内部员工进行信息交流或者接待宾客的客厅，这个客厅里有很多相对独立的、成套的沙发与茶几的组合，旁边还有吧台，可以点很多种类的酒水、饮料，这个客厅既为员工会客提供了便利，又便于员工之间的交流。

2. 员工的工作效率

我们在进行办公环境设计时，还要重点考虑影响员工工作效率的因素，这在一些智力产业（如科研、文化创意等）显得尤为重要。为此，我们要根据工作性质的不同，选用适当的设计方案，比如，对于银行营业部、贸易公司等配合程度较高的工作平台来说，采用开放式的大办公环境往往有利于员工之间的沟通和交流，从而促进工作效率的提高。

曾经在一个工厂的生产车间里，车间的墙壁上粉刷的都是单调的白色，结果，工人的生产效率长久没有起色，甚至有时还难免发生工伤事故。后来，一位行政人员建议在车间的墙壁上粉刷一些绿叶、红花进行点缀，让车间显得有生气。结果，工人的生产效率显著提高，工伤事故发生的概率也有所降低。这是考虑员工工作效率进行办公环境设计的一个典型案例。

最后，办公环境设计是一个实践性很强的工作，我们要多学习、多比较、多总结，从而不断提升自己在办公环境设计方面的能力。另外，在实际工作中，我们的设计理念通常要与装修设计类的公司在沟通切磋后，才有可能成为现实，这就需要行政人员懂得如何与装修公司打交道，这也就是我们接下来要了解的内容。

如何与装修公司打交道

在实际工作中，企业要装修办公区，大多会安排行政部联系装修公司并负责与装修公司联系。那么，行政人员应该怎样和装修公司打交道，在打交道的时候需要注意哪些问题呢？

1．如何认定装修公司的资格

目前，我国的装修公司主要有3级资质，从高到低分别是一级资质、二级资质和三级资质。具备一级资质的装修公司可以承担各类建筑室内、室外装修装饰工程（建筑幕墙工程除外）的施工；具备二级资质的装修公司可以承担单位工程造价1 200万元及以下建筑室内、室外装修装饰工程（建筑幕墙工程除外）的施工；具备三级资质的装修公司可以承担单位工程造价60万元及以下建筑室内、室外装修装饰工程（建筑幕墙工程除外）的施工。

通常情况下，级别较高、规模较大的装修公司，装修费用可能会高些；级别较低、规模较小的装修公司费用可能会低些。当然，行政人员在选择装修公司时不能完全将资质和规模作为依据，关键是要根据自己的实际需要以及对装修公司所做的工程水平进行考评。再者，室内设计师的设计水平也会直接关系到装修设计水平的高低，为此，行政人员要同装修公司的设计师进行详尽的沟通，以免被误导。

2．如何与装修公司进行初步接洽

在实际工作中，装修公司的报价方式主要有两种，一是客户报出想投入多少钱，由装修公司根据客户提出的价位进行设计和报价；二是由客户提出装修的具体要求，由装修公司根据客户的要求计算出要花多少钱。当企业行政人员在选择装修公司时，对装修公司来说，行政人员无疑就是装修公司的客户。

通常情况下，客户为了避免向装修公司透漏自己的预算底线，都会选择第二种方式，即客户提出具体要求，装修公司报价，然后客户再与装修公司还价。实际上，这种做法在很多时候是没有什么必要的。由于正规装修公司的利润率相差无几，所不同的是设计力量和售后服务，因此，客户对装修公司的不信任往往没有很大必要，有时反而会拖延施工进度。

对此，行政人员在接触装修公司时，不妨将装修的大致预算以及想达到什么效果，全报给装修公司，看装修公司能否接受，如果装修公司同意承接，接下来则进入具体的设计和价格协商阶段。

3. 如何与装修公司探讨设计方案

当客户与装修公司达成初步默契后，装修公司需要进一步了解客户的具体要求，并进行实地测量。接着，装修公司会将设计图、详尽的报价单交给客户，报价单上会详列具体的用料和施工量。客户在拿到这份资料后，首先要看设计是否符合自已的要求，若不符合，则考虑是否可以进一步调整与修改。客户还可以请装修公司的设计师解释设计方案，从中探讨价格和用量是否合理。

4. 如何防范装修合同中的风险

客户在认可装修设计图和报价后，通常会与装修公司签订一份施工合同。在这份合同中，客户需注意：合同中必须写明装修的具体要求和施工日期，避免给某些不负责任的装修公司进行粗制滥造和拖延工期“创造”条件；合同中必须注明使用材料的具体品牌或型号，以免装修公司以次充好；合同中有关保修的条款必不可少，而且要分清责任，一般情况下，装修公司的保修期限长度不等，客户应该尽可能选择保修期较长的装修公司。

5. 如何考察一支施工队

装修设计图再好，在施工环节出了问题也是前功尽弃。为此，客户要牢记，装修质量的好坏，在很大程度上取决于施工队素质的高低。为此，在装修之前，客户要适当考察装修公司所用的施工队，包括施工队的工具是否齐全等。

总之，行政人员通过与装修公司打交道，在某种程度上也会增加对装修知识的了解，也有利于进一步丰富行政人员的知识和技能储备。

办公室的5S管理

5S起源于日本，最早是指在生产现场中对人员、机器、材料、工作方法等进行有效的管理。5S的内容为整理（SEIRI）、整顿（SEITON）、清扫（SEISOU）、清洁（SEIKETSU）和素养（SHITSUKE），由于这5个词汇所对应的日语读音均以“S”开头，英语也是以“S”开头，所以简称“5S”。

5S的发展是有一个过程的。早在20世纪50年代中期，日本企业界主要提出了前两个“S”，当时的口号是“安全始于整理，终于整理整顿”，即主要提出了整理（SEIRI）、整顿（SEITON）。到了20世纪80年代中期，日本关于5S管理的著作逐渐问世，从而对全世界整个现场管理模式起到了冲击作用，并掀起了5S管理的热潮。

其实，5S管理侧重于对工作现场进行有效管理。刚开始的时候，5S主要针对生产现场进行管理，后来逐渐扩大到其他职能部门，比如办公室的5S管理。事实证明，办公室经过5S管理后，做到了办公室物品摆放井井有条，这有利于提升办公室的工作效率。那么，行政人员在工作中如何引入5S管理呢？我们可以通过一张5S管理检查表，增强对办公室5S管理的了解。

表4-3 办公室5S管理检查表

姓名：　　　　　　　　　　　　部门：　　　　　　　　　职位：

5S内容	工作内容及标准	自查频率	考评成绩（合格1分，不合格0分）
整理=扔掉废弃物	将不再使用的文件资料或破旧书籍、过期报纸及杂志等按要求废弃	1次/日	
	将不经常使用的文件资料进行分类编号，整齐存放于文件柜中	1次/日	

续表

5S内容	工作内容及标准	自查频率	考评成绩（合格1分，不合格0分）
整理=扔掉废弃物	从文件柜中取用的资料在用完后及时返还至文件柜	1次/日	
	文件标识按公司标准制作、编号	1次/日	
	将经常使用的文件资料进行分类整理，整齐地放于办公桌抽屉或长柜中	1次/日	
	将正在使用的文件资料分为待处理、正处理、已处理3类，整齐地放于办公桌面上，做到需要的文件资料能快速找到	1次/日	
	个人用品放于办公桌第三个抽屉中	1次/日	
	工作上的工具存放有序	1次/日	
整顿=摆放整齐	办公桌面可放置办公设施、台历、文件夹、正在使用的文件、票据、电话、茶杯等物品，要求整齐有序	2次/日	
	笔、墨、橡皮、尺子、笔筒等办公用具整齐地放于桌面右侧或抽屉中	随时	
	办公桌面、办公桌抽屉内物品应整齐有序、分类放置，没有作废或与工作无关的物品	1次/日	
	办公桌上，电话线、电脑线不凌乱	定期自查	
	柜内、框内各种资料、票据分类整齐存放，并根据资料内容统一标识	1次/日	
清扫=打扫干净	离开座位时椅子推回	随时	
	文件柜、文件筐表面要保持洁净、无灰尘、无污迹。	1次/日	
	办公桌面、挡板内外、推柜内外应保持洁净、无灰尘、无污迹	1次/日	

续表

5S内容	工作内容及标准	自查频率	考评成绩（合格1分，不合格0分）
清洁=保持整洁持之以恒	上班时间随时保持	随时	
	自我检查，对发现的不符合项随时整改	随时	
清洁=保持整洁持之以恒	下班前整理好当天的资料、文件、票据，分类归档	1次/日	
	下班后整理办公桌上的物品，放置整齐；整理好个人物品，定置存放	1次/日	
素养=人员保持良好精神面貌	上班时间仪容整齐大方，制服整洁	1次/日	
	言谈举止文明有礼，对人热情大方，不大声喧哗	随时	
	工作时精神饱满，乐于助人	随时	
	工作安排科学有序，时间观念强	随时	

行政人员在对办公室进行5S管理时，可以根据实际需要，对表4-3中的具体内容及自查频次予以调整。

总的来说，5S管理在长期的实践中主要呈现出以下5个管理效用。

一是优化成本，节约了不必要的开支；二是提升了企业形象，使得企业展现出整洁、有序的喜人形象；三是守护了品质，保障了安全；四是推动了管理标准化；五是打造了整洁的职场环境，有利于提高工作效率。

希望行政管理人员在工作中持续积极发挥5S管理的功效，推动企业管理水平的提升！

企业环卫绿化管理

一般来说，企业的环境卫生和绿化状况会直接影响企业的形象和员工的工作效率，甚至从一定程度上反映出企业的管理水平。正如一位管理大师所说："一个公司好不好，看看卫生间就能知道。"卫生间通常是一个企业内最脏、最不愿让人长待的地方，通过查看卫生间有时可以看出企业的环境卫生与绿化管理状况，因为这与企业的管理水平有密切的关系。

假如我们去一家公司，发现这家公司的卫生间里马桶没有用水冲，气味熏天，又发现马桶旁边还没有手纸，或者是质量低劣、粗糙的手纸，洗手盆里尽是食物残渣、泡剩下的茶叶，以至于洗手盆里的水无法顺利流下，洗手台上没有任何盆景，倒是有一根根烟头……试想，一个公司的环境卫生和绿化如此糟糕，我们还敢相信这样的公司内部管理水平能够好到哪里去吗？相信不少读者在遇到这样的公司时，十有八九会选择夺路而逃。那么，假如企业的客户看到这样糟糕的卫生状况会做何反应呢？恐怕没有几个客户有信心与这样的企业合作。

因此，搞好企业的环境卫生和绿化管理，绝非小事。我们接下来以某公司的《环卫绿化管理规定》为例，了解企业在环卫绿化管理方面的一系列做法。

环卫绿化管理规定

1. 管理目的

为了树立良好的企业形象，打造一个优美舒适、整洁有序的办公环境，特制定本规定。

2. 管理范围

环卫绿化范围包括：办公室、门卫室、公共卫生区域、会议室、生产车间、员工宿舍、卫生间、食堂和产品展厅。

3. 环卫绿化要求和标准

（1）办公室、门卫室。室内不准堆放杂物，垃圾应及时清理，对于一些易变质的食物（如饭菜），要避免过夜发霉产生难闻气味影响办公环境，应该将其带离办公室，且不准在办公室内就餐，以免散发饭菜气味；门、窗洁净，玻璃明亮、无尘土，窗帘整洁；办公室里适当种植盆景，绿化办公空间；门卫室要保持监控视频正常运转和清晰；行政专员监督办公室卫生情况，对违反事宜给以批评，并予以记录。

（2）公共卫生区域。公共区域包括楼梯走道、生活区及公司大门口。公共区域至少每日清扫一次，保持地面和墙壁无泥渣、无涂鸦、无水痕；公共区域各类物资或样品必须摆放整齐，不得乱堆、乱放；严禁在公共区域乱扔杂物、乱吐痰，影响卫生情况；每位员工都应爱护花草等绿色植物，严禁在绿色植物花盆内乱倒水、茶叶等。

（3）会议室。会议结束后要及时把椅子摆放整齐并关闭电器电源；会议室物品使用完毕后要按原来位置摆放整齐；未经同意，不得乱动会议室电器器材，以免造成其不能正常工作。

（4）生产车间。物料陈列要进行分类并堆放整齐，遵守易燃物资与火源隔离存放的原则；生产车间要实现无尘土、无异味、干净整洁、明亮宽敞；车间内不准随地吐痰、乱扔及乱堆杂物，对生产废料要及时予以处理；下班后应先整理干净并摆放好物资，并关闭电源、水龙头、电焊气体瓶，杜绝资源浪费及安全隐患的存在。

（5）员工宿舍。员工要爱护公物，不得在墙壁、桌子等表面乱写、乱画、乱刻、乱砍、乱挖；宿舍内严禁吸烟，以免产生安全隐患；注意保持宿舍卫生。

（6）卫生间。卫生间必须保证设施完好，标志醒目，上、下水道畅通，无跑、冒、滴、漏水等现象，如有损坏则要及时维修；定时打扫，全天保洁，确保通风良好。

（7）食堂。餐桌座椅摆放整齐，并保持桌面清洁；剩余饭菜不得乱倒及乱扔，应该倒在指定地方；厨房人员要按要求着装，佩戴口罩和帽子；非工作人员，未经同意不得私自进入厨房。

（8）产品展厅。产品展厅要做到样品摆放整齐，无灰尘、无水痕、无破损；不得在展厅内，乱堆、乱放杂物；未经展厅负责人同意，不得随便搬动样品位置；不得故意损坏样品，造成损坏的按原价赔偿。

上述关于环卫绿化方面的规定给我们提供了相应的模板，我们在实际工作中，还应根据需要做出适当的调整，从而更好地做好企业的环卫绿化管理。

实训案例：环境不是一个人的事儿

“各人自扫门前雪，莫管他家瓦上霜”的言外之意就是“管好自己的事，不要多管闲事”。其实，在现实中，还的确有些职场人士只顾打扫自己的卫生区域，对他人的卫生区域不管不问，仿佛他人所处的环境与自己无关。其实，这是一种缺乏全局观的表现，而且这些小细节也往往导致一个人与升迁失之交臂。

陈好是一家企业里的行政秘书，在平时的工作中，她不仅注重打扫好自己负责的卫生区域，还努力帮助别人打扫卫生区域，甚至想办法美化环境，因而很受同事喜欢。那天，陈好很早就来到公司，准备利用公司李总出差之际为其改善一下工作环境。

李总的办公室在公司最里面，陈好的办公室就在李总办公室的外面，两屋之间有一扇门相隔，任何人要进入李总的办公室，都得从陈好的办公室通过，陈好的办公室就相当于李总办公室的窗口和枢纽。其他部门则呈半环形分布在陈好和李总办公室的对面。

陈好先进入自己的办公室，首先映入眼帘的是窗台上的格式盆景和竞相开放的各色鲜花。进门后，右边是一棵高大的绿色灌木，给人很清新的感觉，只是地上的落叶还没有清扫干净。陈好的办公桌上有一台电脑、一台传真机、三部电话以及一些文件夹和几页未装进文件夹的散开的文件，另有一些笔筒之类的必备用品；办公桌的前面放着一些为客人准备的椅子和沙发；办公桌后面是陈好自己的座椅，再后面则是靠墙的大型立柜，里面分格分层放着各类文件和书籍，但是有一些凌乱；大型立柜的旁边放着一个齐腰高的矮柜，上面放着饮水机，小柜里放着一些咖啡、糖块之类的饮品和食品。

李总的办公室要比陈好的办公室大一些，基本的摆设没有很大的差异。宽大的办公桌上也有一台电脑，还简单地摆放着电话和一些文件夹；办公室内有两个并列的靠墙立柜，在另一面靠墙的地方成环形摆放的是沙发。整个办公室呈现出一种简约美。

陈好打量完两个办公室，对自己接着要做的工作从哪里着手基本了然于胸。她打开空调，调节好办公室的温度和湿度，之后将窗台、办公桌、电脑等目光可及之处一一打扫干净；她看饮水机里的水不多了，便在自己的工作记录上记录下来，在正式上班后准备联系送水公司前来送水；她又检查储备的办公用品有哪些需要补充的，也做好记录；此外，她还想在办公室里用什么样的书法、绘画装饰墙面，从而让办公环境更加美化，给李总和来访的客人一个惊喜。

由于陈好在工作中尽心尽力，并在经过其他同事的座位时，只要发现地上有纸屑等杂物，就会默默地捡起来，用心呵护公司的办公环境，久而久之，在陈好的带动下，公司里的很多同事都形成了自觉爱护公司环境的习惯，也使得很多来公司谈生意的客人大赞“环境好，有管理”。后来，公司的业务扩大，行政部事务随之增多，陈好就被李总升任为行政部主管。

一个人是否热爱自己的公司和团队，可以从其对待公司环境的态度上看出来。公司的经营目标，不仅是老板一个人的目标，还承载着公司全体员工的期待和梦想；同样，公司的环境也并非一个人的事情，而是与每一个人息息相关。关爱环境，人人有责！

他山之石：谷歌的办公环境

谷歌（Google）成立于1998年，以搜索引擎起家，在2007年还推出了火爆全球的安卓（Android）移动操作系统。如今，谷歌被认为是全球非常大的搜索引擎，安卓也是全球移动设备采用数量非常多的操作系统。随着谷歌经营效益的突飞猛进，谷歌员工的待遇全面改善，包括谷歌的办公环境也在不断优化，这使得谷歌员工对企业的满意度不断增强。谷歌在2013年被美国《财富》杂志评选为“最佳雇主”。

谷歌的办公环境长期被人们津津乐道。谷歌在优化办公环境方面的做法，从某种程度上反映了当今企业办公环境演变的一个方向，那就是全面转向以人为中心、尊重劳动者、激发劳动者的潜力。

2013年，谷歌的员工近4.8万人，谷歌在全球多个国家和地区设有分支机构。一般情况下，谷歌在各地的办公建筑，从外表上看不出与其他建筑有太大的区别，但是进入谷歌办公区的内部，就会看到谷歌办公区的装修风格具有明显的“谷歌风格”。

总的来说，谷歌的整个办公室区域充满了设计感，有科技化的装饰、躺椅、按摩床、洗浴区、健身房、游戏区，办公区内有免费的、仿佛永远都吃不完的美食餐厅、零食区，甚至还有麦当劳、电影院等设施。正因为如此，谷歌的办公区被称为“Mini City”（迷你城市），员工不出办公室，就可以满足生活需求。

在谷歌的办公区，配备了带泳池的健身房、咖啡馆、厨房、音乐房、游戏室、阅读室等，有利于以有效拉近员工之间的距离，建立员工之间良好的社会关系，从而更好地促进工作的进展与完成。

据了解，谷歌这样做的主要目的，在于让员工能够充分自由地发挥自己的想象力和主动性，让员工最大限度地增加对自己工作环境的满意度以及增加员工在办公室停留的时间。据调查，谷歌的不少员工几乎没有“下班”的概念，正如谷歌的一些员工所说："我们不规定上下班时间，也没有工作小时数的控制……很多人下班很晚，经常吃完饭还在办公室待很久，有时周末也可以在公司里看到不少人。"

比如，位于都柏林（Dublin，爱尔兰首都）的谷歌的欧洲总部，共由四栋建筑物构成，员工以销售、市场和财务人员为主，在这个建筑群中，最高的楼房有14层，每一栋建筑内的地板都采用了不同的主题进行铺设。建筑内除了常用办公区域外，还设计了5个餐厅、42个厨房区、棋牌室、健身房以及400多个会议室，员工置身其中，适宜度、舒适度令人叹为观止。

又比如，谷歌考虑到员工长期坐着办公可能会劳累，甚至形成职业病，于是采购了大量能够调节高度的办公桌。这些办公桌可以自动升降到员工需要的高度，因此，在谷歌多个办公场地里可以看到高高低低、错落有致的办公桌，还有不少员工选择站着办公。

为了让员工在干好的同时，还能吃好、喝好，谷歌的员工餐厅在布置上颇费心思，不但菜品丰盛，而且提供饭后各式甜点和水果。为了避免员工吃胖而影响身体健康，谷歌还在餐厅贴出了健康饮食结构的图表，对不同食物进行热量方面的提示，提醒大家要吃得健康。

每个负责任的企业，应该无不希望能够像谷歌这样给员工提供卓越的办公环境。当然，考虑到这些办公环境费用的支出来自于企业的经营效益，企业只有把自己发展好了，才有可能给员工提供更好的待遇，包括办公环境。因此，想要拥有更好的办公环境，就需要企业员工上下一心，好好发展企业的业务，努力达成预期的经营目标。

第五章 印章文书管理

一般来说，一家新注册的公司会有公章、财务专用章、法人名章和发票专用章，此后，根据需要还会陆续增加其他种类的印章，如合同专用章、部门章等。在实际工作中，如果公司管理不善，弄丢了一些印章，造成需要使用的时候却找不到，就将会是件很麻烦的事情。

任何企业还都会面临档案资料、文件保管的问题，比如，我国《会计档案管理办法》规定，会计凭证中的原始凭证、记账凭证和汇总凭证的保管期限是15年，会计账簿中的总分类账、明细分类账保管期限均为15年，现金、银行存款日记账的保管期限为25年等。另外，公司还会面临员工档案管理、合同资料管理以及在必要情况下起草某些与公司相关的新闻稿件等情况，这些事务也往往属于行政管理的范畴。

在现实工作中，这些行政管理事务在不同程度上被纳入某些部门和科室，如行政部、财务部、宣传部等。在企业管理中，行政管理是一个比较宽泛的概念，尽管不少企业设置了行政部，可是行政管理并不专属于行政部，其他职能部门也在一定程度上具有行政管理中的相应功能模块。

企业印章的种类及用途

在企业与外界发生法律关系时，或者在企业内部管理的过程中，印章起着在形式上代表单位或者部门意志的作用。依据盖章认定有关文件的效力，进而确定有关权利、义务的归属已经成为公务往来的一个常识。基于此，为了防范因使用印章不当而给企业带来的损失与风险，行政部对企业印章的管理与使用应该有一个全面而系统的认识。

通常情况下，随着企业业务的发展，企业职能部门日趋增多，每个企业往往不止一个印章。企业的印章可以分为两类，一类是必备印章，另一类是其他用章。我们接下来对每类印章的概念及用途进行阐释。

1. 必备印章

所谓必备印章，是一个企业必备的三枚印章，主要包括公章、合同专用章和财务专用章。一个企业在领取了营业执照后，就可以依法刻制这三枚印章，并在当地公安局和工商局备案。

（1）公章。根据我国《企业法人登记管理条例》第十六条规定："申请企业法人开业登记的单位，经登记主管机关核准登记注册，领取'企业法人营业执照'后，企业即告成立。企业法人凭据'企业法人营业执照'可以刻制公章、开立银行账户、签订合同，进行经营活动。"可见，公章是企业必须具备的印章，同时也具有最重要的法律效力。在现行的立法和司法实践中，审查是否盖有法人公章成为判断民事活动是否成立和生效的重要标准。

一般来说，公章是一个企业的印章之首，无论对内还是对外都具有最高的法律效力，因此公章的使用范围也极为广泛。除法律有特殊规定外（如发票的盖章），其他情况均可以公章代表法人意志，比如对外签订合同，以公司名义发出的信函、公文、介绍信、证明或其他公司材料均可以使用公章。

（2）合同专用章。在实际工作中，合同当事人经过协商，需要在达成的书面合同上各自加盖本公司的合同专用章，以表明双方当事人对订立合同的要约、承诺阶段的完成，还表明对双方权利、义务的最终确认，从而最终确定合同经当事人双方协商而成立，并对当事人双方产生法律效力，当事人应当基于合同的约定行使权利、履行义务。对此，我国《合同法》规定："当事人采用合同书形式订立合同的，自双方当事人签字或者盖章时合同成立。"另外，公章可以代替合同专用章使用。

（3）财务专用章。财务专用章又称财务印鉴章，一般选用适合财务章的硬质材料（如黄铜），财务专用章上的字体为宋体和隶书，印章尺寸大小由各市、县地方税务局确定。对外使用的财务专用章需要遵循相关备案制度，要到中国人民银行预留公司公章的印鉴和财务专用章的印鉴，并要到公安机关备案；在公司内部使用的财务专用章，也需要到公安部门申请备案。

自2011年起，财务专用章在备案方面，除了上述要求外，还需要将公司的税号进行备案，并且在使用财务专用章时，要求将公司的税号与公司名称等信息放在一起进行表现。

财务专用章主要用于单位或集团内部的现金、银行收付款业务（如内部借款、往来结算），单位对外的现金、银行收付款业务（如预留银行印鉴、支票、汇票、业务委托书等）以及其他外部业务（如工商部门备案用途）等。总的来说，财务专用章的用途为办理单位会计核算和银行结算业务等。

2. 其他印章

其他印章主要包括法人章、发票专用章、出库专用章、档案专用章、招标业务专用章、投标专用章等。其中，法人章实际上是公司法人代表的个人私章，但必须经过备案，也就是大家常说的法人个人印鉴。法人章的特点是具有个人性，一般保管在公司的财务部，对外具有一定的法律效力，可以用于签订合同、出示委托书等；发票专用章是企业、单位和个体工商业户购买和开具发票时须加盖的印章，当企业缺少发票专用章的时候，也可以使用财务印章代替。

此外，企业还可以根据业务需要，自行刻制其他印章，比如物资进出库的专用章、档案管理的专用章、参与招投标业务的专用章等。一般来说，企业自行刻制的印章主要在企业内部使用，往往是基于对内部某项业务事实的确认，通常不会对外使用，也不具备对外的法律效力。

对印章种类及用途的识别，是行政人员必须要了解的。

印章的日常使用管理

在日常工作中，由于企业的印章对法律要约构成重要作用，因此，对印章的保管成为企业的一项重要工作。我们接下来以某企业的《印章管理办法》为例，了解如何对印章进行日常使用管理。

印章管理办法

1. 目的

为了保证公司的印章保管以及使用的合法性、严肃性和安全性，依据公司规范运营、防范风险的管理规定，有效地维护公司利益，特制定本管理办法。

2. 范围

管理办法所指印章包括公司公章、法定代表人印章、合同专用章、财务专用章等具有法律效力的印章。本管理办法适用于公司公文、信函、授权委托书、证件、证明、证书、财务报表、统计报表，还适用于对外签署的合同、协议以及其他须用印章的文件等。

3. 印章授权管理和使用部门

公司印章由董事长授权以下部门分别管理和使用。

（1）公司公章、合同专用章由公司行政部负责管理和使用。

（2）法定代表人章（2枚）由行政部和财务部分别管理和使用，其中财务部管理的法定代表人章限于财务单据、报表、票据方面的使用。

（3）财务专用章、发票专用章由财务部负责管理和使用。

（4）公司其他部门因工作需要配置其他用途公章时亦应按本办法执行。

（5）凡因工作需要并符合本规定配置印章或更换印章，需向公司行政部上报书面申请，经董事长批准同意后配置或更换印章。

（6）印章刻制由公司行政部负责，经公安机关核准，到指定的单位刻制；印章的规格、样式由公司行政部按有关规定办理。

4. 印章的管理

（1） 公司的所有印章，均由公司行政部负责登记、留样并确定印章保管及使用责任人（即印章保管责任人，一般为各部门负责人）。印章启用时由公司行政部下发《关于公司启用有关____章的通知》，注明启用日期、发放单位和使用范围。

（2）行政部向印章保管责任人移交印章时，应填写“公司印章留样备案表”。

（3）由于印章磨损而更换印章的，仍需在公司行政部登记、留样。

（4）公司部门撤销或重组，原部门有关印章交回公司行政部，由公司行政部负责销毁。

（5）严禁印章保管责任人将印章转借他人。

（6）印章丢失时，印章保管责任人应当及时向公司行政部进行书面报告，公司行政部应及时采取相关补救措施，包括但不限于追查印章下落、公告印章作废、对责任人进行处罚等。

（7）公司决定需要停用印章的，在董事长签字同意后由公司行政部下发《关于公司停用有关____章的通知》，将停用原因、时间通知公司各有关部门，收回停用的印章并切角封存或销毁。

（8）各部门不得擅自刻制印章，因违反本项规定而给公司造成的全部经济损失由当事人向公司承担全额赔偿责任。

5. 印章保管责任人的职责

公司所有印章保管责任人应遵守以下规定。

（1）印章保管责任人每天下班前应检查印章是否齐全，并将印章锁进保险柜内，妥善保管，不得将印章存放在办公桌内；次日上班后，应首先检查所保管印章，若发现意外情况则应立即报告。

（2）印章保管责任人因事、病、休假等原因不在岗位时，印章授权人应指定他人代管印章，印章保管责任人要向代管人员交接工作，交代使用印章时的注意事项。印章保管责任人正常上班后，代管人员应向专管人员交接工作。

（3）印章保管责任人要坚持原则，遵守保密规定，严格遵照规定使用印章。未按批准权限使用印章或使用印章审批手续不全的，印章保管责任人不予使用印章；经办人拒绝印章保管责任人审核文件内容或审批手续的，印章保管责任人可拒绝使用印章并报告领导处理。

（4）印章保管责任人使用印章的盖章位置要准确、恰当，印迹要端正、清晰，印章的名称与使用印章件的落款要一致，不漏盖、不多盖。

（5）印章保管责任人不得擅自使用印章，一经发现，就要严肃处理；若因擅自使用印章导致公司遭受经济损失，则由其承担全部赔偿责任并按公司有关规定进行处罚。

（6）印章保管责任人离职时，其管理的印章记录和档案须作为员工离职移交工作的一部分，须办理分管印章、印章使用登记簿的移交手续并填写“印章交接单”。

（7）禁止任何人未经批准携带公章外出。如确需带出使用，则须经董事长批准并填写“公章外出使用审批单”方可带出；非公章专管人员携带印章外出时，使用印章的人还应填写“印章交接单”并办理交接手续。

6. 法律责任

（1）任何人员必须严格依照本制度规定的程序使用印章，不符合本制度规定时，不得擅自使用。

（2）违反本制度规定而使用印章，造成丢失、盗用、仿制等，依情节轻重，对责任者处罚直至追究法律责任。

7. 附则

本办法由公司行政部负责解释。

上述《印章管理办法》可以供我们参考，行政人员在工作中可以根据实际需要予以调整。

企业证照的种类

在2015年10月1日以前，我国企业的基本证照有营业执照、组织机构代码证，税务登记证；从2015年10月1日起，我国企业实行“三证合一、一照一码”制度，也就是将企业依次申请的工商营业执照、组织机构代码证和税务登记证三证合为一证，从而提高办证效率，“一照一码”则是在此基础上，通过“一口受理、并联审批、信息共享、结果互认”，实现由一个部门核发加载统一社会信用代码的营业执照。

因此，我国企业现有的营业执照可谓融合了以往营业执照、组织机构代码、税务登记证三证的作用。同时，我国规定，在2017年12月31日前，为新、旧证照转换的过渡期，在过渡期内，原核发的营业执照、组织机构代码证和税务登记证继续有效，企业可以根据自身需要，结合日常变更登记进行换照。

另外，“三证合一、一照一码”登记制度的改革，是将原来由工商、质监、税务等部门分别核发营业执照、组织机构代码证、税务登记证，改为只需向工商部门填写一份申请表格，提交一套申请材料，由工商部门核发一个加载法人和其他组织统一社会信用代码的营业执照，税务登记证和组织机构代码证将不再办理和发放。

企业除了具有上述基本证照外，结合其所处行业，如网络文化、食品、餐饮、煤炭、药品、道路运输、广告、医疗器械、互联网、电信业务等，还应有一系列行业许可证。

举例来说，对企业申请设立经营性互联网文化单位的，省级文化行政部门应当自受理申请之日起在20个工作日内提出初审意见并上报文化部，文化部自收到初审意见之日起在20个工作日内做出批准或者不批准的决定，如果批准，则发给“网络文化经营许可证”；如果不批准，则应当说明理由。

此外，我国《食品安全法》第35条规定：“国家对食品生产经营实行许可制度。从事食品生产、食品销售、餐饮服务，应当依法取得许可。但是，销售食用农产品，不需要取得许可。”其中，从事食品生产、食品流通、餐饮服务，应当依法取得食品生产许可、食品流通许可、餐饮服务许可；取得食品生产许可的食品生产者在其生产场所销售其生产的食品，不需要取得食品流通的许可；取得餐饮服务许可的餐饮服务提供者在其餐饮服务场所出售其制作与加工的食品，不需要取得食品生产和流通的许可；农民个人销售其自产的食用农产品，不需要取得食品流通的许可。

还有，申请设立药品经营单位的，应当向所在地省级药品监督管理部门提出申请，由省级药品监督管理部门初审后，报食品药品监督管理总局审批。

除了上述几种行业需要办理经营许可证外，其他行业中的企业，也要根据所处行业的情况，选择办理相应的经营许可证。

证照的保管与使用

通常情况下，企业证照在实际使用中有严格的规定。为此，很多企业都会针对证照的日常保管与使用制定相关管理制度。我们接下来以某公司《证照保管和使用管理规定》为例，了解企业对证照管理的相关措施。

证照保管和使用管理规定

1. 目的

为了规范公司的营业执照等证照原件及复印件的使用管理，避免因管理不善给公司带来的风险，以及防止遗失并保证按时年检，特制定本规定。

2. 范围

营业执照、组织机构代码证、税务登记证及企业各类证照的原件、电子档及复印件等。

3. 证照资料的保管归档

证照原件、电子档案以及复印件统一由行政部保管和传送。

4. 证照资料的使用管理

（1）需要借阅、借用、复印证照资料，须到行政部填写“公司证照使用申请单”，并写明事由及拟用证照资料名称、件数、归还期限等，经部门主管审批、总经理签批确认后，可到行政部办理相应手续。

（2）行政部仅凭总经理签批的申请单办理借用、借阅、复印等业务，其他任何人员提出的任何要求，均不予受理。

（3）凡借阅、借用证照资料，必须在申请日期内归还，如果不能按时归还则应申请延期，手续与上述第1条相同，但最长不得超过15天。

（4）公司证照不得损坏、丢失。如出现损坏或丢失，则除立即向主管领导报告外，还要立即与发证机关联系，及时办理证照的挂失和补办手续。

（5）不许擅自使用公司的证照进行各种担保。

5. 证照的年审、到期、变更

关于证照的年审、变更、延期等相关手续，行政类证照（如工商营业执照、组织机构代码证等）由行政部负责办理，财务类证照（如税务登记证、统计证、外汇登记证、贷款卡、开户许可证等）由财务部门负责办理，其他证照由最初办理证照的部门办理。证照归属部门负责在规定的时间内完成手续办理和申报的具体工作。

6. 相关责任

（1）证照管理人管理的所有证照都应有清单和目录，以确保证照数量的准确性，对于借阅和归档都应有相应人员的签字确认，证照管理人负有登记的及时性和完整性等责任。

（2）证照借阅人负责借阅期间的文件保管，确保公司证照的完整性和整洁性，使用完毕后应及时归档。借阅后不得将证照转借其他人使用。

（3）如遇证照遗失，则须立即向公司行政部汇报，并登报声明作废，及时办理证照的补办手续，相应费用由当事人承担，并处罚款。

（4）证照保管人发生变动时，必须当天做好移交工作。新的保管人须经公司负责人授权同意，否则不得随意转交他人保管。

7. 注意事项

凡违反上述规定而私自复印证照等文件者，将按公司制度严肃处理，如果导致公司损失，则还应赔偿公司因此造成的损失；构成犯罪的，由公司送交相关司法机关追究刑事责任。

上述《证照保管和使用管理规定》可供读者朋友参考，行政人员在工作过程中可根据实际情况适当调整。

文件的收发管理

行政部在工作中会接触到大量文件，有时需要接收外部文件，有时需要向外部发送文件，有时还需要在公司内部交流文件等。为此，行政部经常面临文件收发的工作。我们接下来仍以某公司《文件收发管理办法》为例，介绍文件收发的相关做法。

文件收发管理办法

1. 目的

为规范文件处理程序，避免文件管理混乱，加速公文运转，从而提高管理职能和办事效率，特制定本办法。

2. 范围

（1）收进文件，指由外单位发来的文件。

（2）外发文件，指由公司发出的文件。

（3）内部文件，指由公司内部传递的文件。

（4）收发文件的管理一般应包括：登记、分办、拟办、批办、承办、催办、撰办、审核、签发、盖印、转发、立卷、归档等。

3. 收文处理程序

（1）收文。

① 收文由办公室行政秘书负责，对文件进行检查验收。

② 应严格遵守拆封权限，所有公司收文均由办公室负责人或行政秘书开拆，其他人不得开拆。凡个人信件均交个人处理。

③ 收文收到后应立即进行登记，并按收文登记簿上的要求进行准确登记。

④ 应保持文件的原信封完好，以备处理时的需要。

⑤ 工作文件在收到的第一时间应及时通知收件人，并按其意见处理。

⑥ 按文件密封等级要求，做好保密工作。

（2）拟办。

行政部负责人在阅读文件后，根据文件性质、内容和有关要求，根据公司领导的分工，对文件提出初步处理意见，并将其填写在“文件处理单”中。

（3）批办。

行政秘书应根据“文件处理单”的意见，及时报请公司领导批示办理，由公司领导在“文件处理单”中明确批示文件处理单位、处理办法、处理时间等。

（4）承办。

行政秘书根据公司领导批办的要求，应及时、不拖拉、不推诿、不马虎地将文件交给相关部门或人员进行承办。

（5）传阅。

对非承办的传阅文件，行政秘书应根据文件的轻重缓急组织进行，还要防止文件积压或遗失。

（6）催办。

对承办文件，行政部负责人应适时询问、检查和督促，避免承办拖沓，导致文件积压。

（7）办复。

承办文件办理完毕后，承办部门或人员应将办理结果及时报告有关领导，以使负责批办的领导对其处理结果做到心中有数。

（8）借阅。

未归档的文件，视文件性质，经本部门负责人批准后，办理借阅或借用手续，并应填写“借阅文件登记表”，借阅后应及时归还。

已归档的文件，经本部门负责人批准后，在档案室办理借阅手续；获得对有关文件或部分文件进行复印的批准后，由档案管理人员复印，并办理有关手续。

4. 发文处理程序

（1）文件的起草与修改。由拟稿人按要求起草文件，必要时按要求进行修改。文件起草完毕后，应签注姓名、年、月、日。

（2）文件的会审（会签）。涉及两个以上部门职责范围的文件在起草、修改、完稿后，应交有关部门负责人分别对文件内容进行会审，会审人应在稿件上签注姓名、年、月、日。

（3）文件的审批、签发。文件进行会审、会签后，应及时递交公司领导审批、签发。

（4）文件的打印、发行。文件经拟制会审、审批及签发后，由行政秘书打印，在拟稿人校对无误、行政部加盖公章后按要求发送。

5. 文件的归档

（1）分类。

① 上级机关来文、外单位发来的文件。

② 公司发出的文件。

③ 公司经营、管理活动中反映主要工作职能活动和基本情况，今后需要参考或执行的文件。

④ 公司内部的文件。

⑤ 各部门及分公司等直属部门报送的重要文件。

⑥ 其他同级别单位业务往来的有关文件。

（2）归档。

① 来文应根据轻重缓急抓紧时间处理，原则上应在收到文件后两星期内办结；若要长期留本部门使用，则经有关负责人批准后，本部门留复印件，原件应在一星期内退行政部归档。

② 发文打印、校对完毕后，应将原版文件及其磁盘进行归档登记。

③ 文件办理结束后，应及时退行政部归档。

④ 每年的第一个季度内，应办理前一年度的文件归档，按保管期限及归档要求整理归档。

⑤ 文件在交相关部门阅办时，应办理签收手续，退回文件时应当场注销，以明确责任者；若发现遗失，则应视来文性质报公司领导处理。

⑥ 归档的文件应按保管期限和一定手续进行清理、销毁。

总之，上述《文件收发管理办法》可供行政人员参考，行政人员也可以在工作中根据实际情况对其进行调整和完善。

如何管理电子文件

在日常办公中，随着电脑的普及和互联网的广为传播，人们在工作中的“无纸化办公”的趋势更加明显，电子文件也随之流行起来。由于电子文件中储存了大量的信息，有些信息对企业而言甚至有保密性等特点。为此，很多企业制定了关于电子文件的管理制度。我们接下来以某企业《电子文件管理办法》为例，了解企业局域网电子文件的相应管理措施。

电子文件管理办法

1. 目的

为了保证公司计算机网络得以安全、顺利地运行，保证公司电子文件的使用安全与常态化，提高工作效率，特制定本办法。

2. 适用范围

本办法规定了计算机电子文件的编制、批准、传递、反馈、归档、作废等要求，适用于公司局域网电子文件的管理。

3. 术语

相对于纸质文件而言，凡储存、编辑、使用于计算机媒体的信息，如文件、表单、记录等，均称为电子文件。

4. 职责

（1）行政部负责局域网的建立和系统运行的维护管理以及各部门计算机的维护管理。

（2）各部门按本规定执行。

5. 管理内容和要求

（1）局域网操作系统和应用软件的建立。操作系统和应用软件的安装，必须在行政部微机维护技术员同意或指导下，才可进行安装和卸载。

（2）网络软件的建立和应用。公司局域网电子文件的传输程序随操作系统自行启动，任何单位不得自行改动。

（3）网上邻居的管理。网上邻居中，各部门在服务器中设定专用文件夹，并把有关文件分类归档。

（4）电子文件的管理。

① 电子文件的管理不能违背质量体系文件、技术文件和资料、质量记录等控制程序的规定，编制时必须以扩展名为“.txt”“.doc”等格式进行编写。

② 电子文件的发放要采用局域网邮件进行发放，审核、审批处加盖专用电子印章或电子签名后方可有效。

③ 各部门收到电子文件后，必须进行文件回复。

④ 做好电子文件收发登记工作，发放文件有专用文件夹，接收文件有专用文件夹，作废文件由使用者按时删除。

⑤ 电子文件不允许自行进行更改，必须经编制单位提请“文件更改申请单”、报品质管理小组审核、管理者代表批准后，由品质管理小组进行整体更改。

⑥ 由文件发放部门对文件的有效性进行检查，并填写“电子文件有效性检查记录”。

⑦ 当收到上级部门发来的邮件时，由行政部负责转发给相关部门，相关部门要对文件的有效性进行反馈，最后按文件要求发回上级部门。

（5）局域网质量体系文件的控制。

① 电子文件不应违背《质量体系文件和资料控制程序》《质量记录控制程序》的要求，以“电子文件为主、纸质文件为辅”为原则。

② 计算机中与质量管理体系相关的所有文件夹和文件名称的命名，应采用实名、全称或简称的方式，避免采用数字、字母代号和个性化的名称，以防止文件和资料混乱、丢失或在无意中被删除。

③ 对于保密和未经授权不得阅读的文件和资料，必须进行文档加密和标识。

④ 将重要文件和资料必须设置为“只读”属性，以避免无意中被修改。

（6）计算机网络安全。

每台计算机必须安装正版杀毒软件，并定期进行查毒和杀毒，在必要时，由行政部网络管理员进行指导。对一些保密的电子文件，要进行加密处理。

（7）电子文件的备份。

各部门要对相关电子文件进行备份，当计算机的储存空间临近饱和时，可以刻录光盘用以备份，并进行分类保管。行政部要做好督促工作。

档案管理的流程与标准

一般来说，档案是指人们在各项社会活动中直接形成的、各种形式的、具有保存价值的原始记录。其中，原始记录性是档案的本质属性。企业中的档案主要分为下述9种类型。

（1）法规性文件，包括上级颁发、需企业执行的，或由企业发行的各种标准、规章制度等。

（2）企业的重大决议，包括由企业股东大会、董事会、督委会、总经理办公会及其相关行政会议等形成的文件和会议材料、会议记录等。

（3）计划性文件，包括公司总体计划或规划、开发计划、营销计划、财务计划等。

（4）总结性文件，包括公司年度和月度工作总结、下属部门的年度和月度工作总结等。

（5）批示性文件，包括公司各类计划指标、技术指标、营销指标以及公司各类命令、工作指示等。

（6）凭证性文书材料，包括公司各部门上报的、在日常活动中形成的原始记录和凭证，如财产状况、房屋销售、合同书、协议书等原始记录和文本。

（7）证件性文书资料，包括法人营业执照、税务登记证、组织机构代码证、公司获得的各类荣誉牌匾和证书、达标证书和证明等。

（8）劳资人力资源资料，包括公司下属各部门的人力资源任命、人力资源调整、人力资源管理、人才引进和培训、员工工资审核记录等相关资料。

（9）题赠性资料，包括上级领导和外协友好部门或个人提供的题词、书画、工艺制品等。

通常情况下，档案管理的流程包括档案的收集、整理、保管、鉴定、统计和利用6个环节，行政人员在工作中，还可以根据实际需要对这些环节予以充实和调整。我们接下来以某公司的《档案管理流程》为例，供读者朋友参考。

档案管理流程

1. 档案收集

各部门相关人员负责对本部门日常工作中形成的合同及文件资料进行收集。

2. 档案保存

各部门文件、合同等资料的原件需要保存，由各部门分别进行整理，并将编制的“移交目录”按季度向行政部移交。其中，电子类合同或其他需要保管的电子文件，应当及时存放于档案室指定的电脑硬盘内或制作成专门光盘并进行编号保存；对文件、合同资料要登记详细信息，并编制目录，以便检索利用；文件资料、合同要科学排列，按编号顺序存放于文件盒内，并加以标识，整齐排放在文件与档案柜中。

3. 档案借阅

借阅档案要履行借阅手续，填写“档案借阅审批单”。借阅档案原件只限在公司内，不准带出；必须带出公司查阅的，需依照借阅权限由相关领导批准。档案外借一般只借复印件，需借原件者须经总经理批准。借阅的档案被交还时，必须当面点交清楚，如发现遗失或损坏，则应立即报告直接上级。借阅档案用完后，应及时送还，如超过借阅时间，则须重新办理手续。借阅档案的人必须爱护档案，不得擅自涂改、污损、勾画、剪裁、抽取、拆卸、调换、摘抄、翻印、复印、摄影，不得转借或损坏。

4. 档案销毁

对已失去利用价值的档案，必须写“申请销毁报告”，编制销毁目录，报部门经理和部门分管副总鉴定，最后报总经理批准，方可销毁；执行销毁任务时，必须由行政部工作人员监督销毁，监督销毁人不得少于两人，并在销毁目录上签字；最后，把销毁目录和部门经理、部门分管和总经理的批准手续文件，一并存档予以永久保存。

关于档案管理的标准，通常应做到“四不”，即不散（不使档案分散）、不乱（不使档案互相混乱）、不丢（档案不丢失、不泄密）、不坏（不使档案遭到损坏）。同时，我们还应做好防火、防潮、防晒、防虫、防损、防盗、防尘工作，提高档案的安全性，对破损档案应及时修补。

企业在管理过程中，经常伴随一系列文书的写作，很多时候，这些写作文书的任务会落到行政部的肩上。那么，企业常见的文书都有哪些种类呢？

（1）请示，即请上级指示和批准。

（2）报告，向上级汇报工作、反映情况。

（3）指示，对下级进行指导与给下级布置工作。

（4）布告、公告或通告，对公众公布应当遵守或知晓的事项。

（5）批复，答复前来请示的事项。

（6）通知，传达上级的指示，要求下级办理或者需要知道的事项，或者批量转发下级的公文或转发上级、同级和不相隶属单位的公文。

（7）通报，表扬好人好事、批评错误、传达重要情况以及需要所属各单位知道的事项。

（8）决定和决议，其中，对某些问题或者重大行动做出安排，用“决定”；经过会议讨论通过，要求贯彻执行的事项，用“决议”。

（9）函，平行的或不相隶属的单位之间互相商洽工作，在向有关主管部门请示批准等询问和答复问题时用“函”。

（10）会议纪要，传达会议议定事项和主要精神，要求有关单位共同遵守执行的，用“会议纪要”。

企业公文的种类看似不同，但在写作上，却有共同的规律可循。在写作公文时要能够驾驭“四大体”，那么，什么是“四大体”呢？

总的来说，作者是主体，生活是母体，语言是载体，读者是受体。任何自觉的社会行为，都离不开行为的发出者，这个发出者就称为该行为的主体；写作的主体就是文章的作者。只有主体想写才会动笔，也只有主体愿意写、乐于写才能够写好。

作者要想写好一篇文章，通常需要具备以下能力：一是智力，主要是记忆力、发现力、思维力和想象力；二是技能，包括语言技能、结构技能；三是素质，指意志强、情绪稳，自我控制能力强；四是修养，诸如思想修养、理论修养、知识修养等。

生活是写作的母体，它存在于客观世界中，是被作者注意、发现并准确挖掘、反映的对象。客观世界存在无穷无尽的事物，但只有进入作者的视野，引起作者认知与表达的愿望，激发出交流与传播的冲动，才能成为写作的母体。

写作的母体对写作而言，通常具备三大作用：一是感官刺激作用，能够启发作者思考；二是认知制约作用，写作母体客观存在，既反映了写作对象的客观性，又限制作者主观判断的随意性，使任何个人加工、改造都要在一定程度上与客观存在的母体具备一定相符性，这也正是写作母体的制约作用；三是思想检验作用，从认识论上看，实践是检验真理的唯一标准，但是从写作上来看，作者是依据客观实际（写作母体）来写作的，这就使得写作母体成为检验主体认知的唯一标准，同时使写作不能脱离客观实际，尤其是对于公文写作。

写作需要将某种思想、主题等转化为物质形态上的文字、符号和文章体裁，从而达到传播的目的。这种承载思想、感情、信息的载体就是语言。在写作过程中，语言正是以文字符号组成的文章体式完成其物化过程的。

写作的受体即读者，是信息传播、思想交流的终端。读者一方面接受主体给予的信息和思想，另一方面又凭借写作母体（客观实际）检验作者给予的信息和思想。另外，读者本身的生活阅历、审美情趣、理解能力、思想修养以及阅读习惯等，也都会在接受的过程中发挥某种选择和评价的作用。

最后，企业的实用文书写作与文学创作是不同的。文学创作的写作受体是广大，甚至是全部社会受众，受众面非常广，文学创作在表现形式上也非常广；企业实用文书写作则是针对特定的目标群体，受众面具有局限性。因此，行政人员在写作实用文书时，要用心研究写作的主体、母体、载体和受体，并力争写出高质量的文书。

5W1H：新闻写作的6要素

我们平时打开一些企业的官方网站，就会看到网站上的一系列企业新闻。很多时候，新闻撰写也是企业行政部门的工作内容。那么，行政人员怎样才能写好新闻呢？这就需要行政人员了解新闻写作时通常需要具备的6要素，即“5W1H”。

新闻的“5W1H”包括When（何时）、Where（何地）、Who（何人）、What（何事）、Why（何故）以及How（如何）。把6要素串联起来，概括成一句话，就是“何人何时在何地如何做了何事出现了何种结果”。

另外，我们要将新闻6要素与新闻结构进行有效区分。新闻的结构主要是标题、导语、主体、背景、结语，这也是一篇新闻在形式上的构成，而新闻6要素则是新闻内容本身的构成。所以，我们不能将新闻6要素与新闻结构进行混淆。

一般来说，新闻要求简洁、凝练，要求用最少的文字表达最充分的信息。为此，我们在写作新闻时，不能像写流水账似地报道所有的新闻要素，而是要适当强调新闻中具有“含金量”的内容，这就形成了新闻写作中著名的“倒金字塔结构”，也就是将最重要的信息放在新闻的开头进行介绍，后面的内容则按照重要性依次递减的顺序进行排列。

接下来以历史上项羽邀请刘邦参加鸿门宴的故事为例，介绍“倒金字塔结构”的新闻写法。

刘邦出席宴会时险遭刺杀

刘邦在项羽举办的鸿门宴上险遭刺杀，现已返回灞上军营。（开头开宗明义，直接把新闻中最为核心的事件点出，而且初步交代了何人、何事、何地、何时、如何等新闻要素。）

此次宴会旨在解决项羽与刘邦关于关中占领问题的争端。在宴会期间，项羽的堂弟项庄要求舞剑助兴，借此靠近刘邦并施以暗杀，但被及时阻止。（杀手身份、行刺手段以及结果属于次要新闻，进一步丰富了何事、何故等新闻要素。）

刺杀事件发生后，刘邦很快离开席位，宣称去上厕所，但他没有再次回到宴会，而是与樊哙、夏侯婴、靳强、纪信等四人经骊山、芷阳小道返回灞上军营。（针对“返回军营”做进一步解说，至此，鸿门宴的核心新闻已经报道完整。）

刘邦离开以后，他的幕僚张良向项羽和范增做了解释，声明刘邦已经喝醉，并进献了白璧一双、玉斗一双以表达歉意。（对刘邦如何离开鸿门宴进行详细解释。至此，对核心新闻的细节补充也完整了。）

实际上，我们在写作新闻时，除了采用“倒金字塔结构”，还可以采用华尔街新闻体、新华体等方式。比如，华尔街新闻体的写作原则是“由小及大”“窥叶知秋”，在结构上，开头从非常个人化的视角切入，再从这个小细节推展开来，逐渐论及全局，最后还要勾连回开头，一般用于深度报道。相对来说，这种写法更显人情味。

新华体则是开头高屋建瓴、点明宗旨，然后夹叙夹议，采用“论点＋论述＋论据＋名人名言”的方式，最后再概括成多个排比句，进一步拔高主题。这种写法的优点是磅礴大气、鼓舞人心，看完后容易让人热血沸腾，不足之处是写法有些千篇一律，有待于进一步突破格式上的限制。

一般来说，无论采用什么样的新闻写作方式，新闻内容本身的6要素都是普遍存在的。因此，行政人员在工作中可以根据情况练习与实践新闻写作，从而有效地提升自己的写作能力。

表单：印章使用登记表

印章使用登记表

序号	盖章时间	印章类别	用章事由	盖章份数	使用部门	审批人	使用人	保管人	备注

备注：

（1）印章管理人员必须认真负责，遵章守纪，秉公办事，严格履行印章使用登记手续，并详细填写，没有总经理或相关负责人签字，不得随意盖章。

（2）平时做好防范措施，不得随意乱放，下班时间和节假日期间应采取防盗措施。

（3）违反公司印章管理规定的行为或印章管理人员私自盖章，造成严重后果的，公司将追究当事人的经济和法律责任。

（4）印章如丢失，则保管人应及时向主管领导报告，并备案。

我国古代兵书里说："三军未动，粮草先行。"同样，企业的发展也面临后勤问题。比如，在北京、上海、广州、深圳等一线城市，企业在招聘员工时，通常会问一个问题："您住在哪？"如果应聘者回答的距离很远，又没有解决住宿问题的适当方法，则企业和应聘者通常会因"住宿位置不合适"而彼此说"再见"。因为员工住宿问题不能很好地解决，会影响日常按时上班。另外，员工的就餐问题也需要引起企业的注意，曾经有家公司所处位置的周边餐厅很少，公司又不能解决就餐问题，最后上班期间吃不好饭成为不少员工选择离开的一个重要原因。

实际上，企业除了要关注员工的食宿问题，还要关注员工的心理健康等问题。据调查，尤其是一些电话销售类的员工，在工作中经常面临客户的拒绝，甚至遭受质疑与不怀好意，这在一定程度上影响了员工的工作情绪，随之影响了员工工作能力的正常发挥。可见，企业不能忽视和回避后勤管理，一定要对后勤工作上点儿心。

员工伙食管理

在实际工作中，企业往往给员工补助伙食费，或者有自己的食堂。企业若采用补助伙食费的方法，则在操作上相对比较简单，只要根据员工的正常出勤日期根据相应的伙食费标准予以补贴即可。

有自己食堂的企业一般需要制定相应的食堂管理办法，从而对食堂进行有效管理。我们在这里以某企业的《食堂管理办法》为例，了解企业有关食堂的管理措施。

食堂管理办法

1. 目的

为了规范公司的食堂管理工作，共同营造一个卫生、美观、优雅、有序的用餐环境，特制定本管理办法。

2. 适用范围

适用于公司全体在食堂工作与就餐的人员。

3. 管理部门及职责

（1）行政经理。

① 行政部为公司食堂的直接管理部门，负责食堂的日常管理工作，确保食堂工作每日有序进行。

② 日常管理工作内容为：食品价值的市场调查、评估，供应商的选定；日常开支的控制；监督食堂人员工作，反馈员工意见，协调处理双方的关系及建议等。

③ 负责食堂安全、卫生管理以及食堂物质的采购。

④ 负责食堂相关费用的结算审核，加强费用的控制及节省。

（2）厨师。

① 负责对饭菜烹饪的相关具体操作。

② 负责每周配合食堂采购员提出各类菜品购置计划。

③ 负责厨房、餐厅及食堂周边的卫生打扫和清洁。

④ 负责餐具的清洗、消毒。

4. 就餐时间

早餐：07：20—07：50。

中餐：12：00—12：30。

晚餐：17：30—18：00。

夜宵：23：00—23：30。

5. 就餐管理

（1）员工就餐时应佩戴工作证，自行携带餐具，依次排队等候打菜。

（2）员工在就餐区需文明就餐，不得将餐具及饭、菜拿出就餐区（值班人员及伤、病人员除外）。

（3）定时开餐，过时就餐一般不予供应（特殊情况除外）。

6. 食堂的卫生管理

（1）食堂人员必须于开餐前完成就餐区及厨房的清洁工作。

（2）员工餐后需对餐桌及餐区进行清洁。

（3）保证厨房、就餐区地面无垃圾、无油迹，要做好防滑工作。

（4）食堂的灯具、消毒柜、排风扇、灶台等每天清洁一次。

（5）食堂人员必须持卫生防疫部门的"健康证"上岗。

7. 安全管理

（1）未经许可，除食堂工作人员及行政部管理人员外，任何人员非因公不得进入厨房。

（2）厨房清洁用品应与调味品、菜品等分开放置。

（3）厨房要设置灭火器。

（4）在厨房与就餐区严禁吸烟。

（5）管理人员要经常督促、检查，做好防盗工作。

8. 食堂采购和报销

（1）采购员应本着质优价廉、货比三家的原则选择每日菜品、副食品等物资的供应商，采购的物品应保证新鲜、安全。

（2）每天采购的菜品必须由厨师进行验收核实，以保证账物相符。

（3）每天将采购的物品登记在采购明细单上，并做出统计。

（4）食堂采购员根据公司财务制度存放采购备用金5 000元。

9. 食堂人员的管理

（1）食堂采购员严禁挪用采购款，严禁以少报多、中饱私囊。

（2）食堂人员应礼貌待人，热情服务，提前将当天的菜谱公布于通知板上，并按时、保质、保量提供菜品。

总之，上述《食堂管理办法》可供读者朋友参考，行政人员在工作中可以根据实际情况予以调整和补充。

关于员工食堂外包

一些企业在为员工提供在食堂就餐福利的时候，经常会面临选择自营食堂，还是将食堂外包的问题。一个企业的伙食好坏，会在一定程度上影响企业员工的工作效率以及对企业的归属感等，所以，很多企业都在追求拥有一个令员工满意的食堂。

在现实工作中，大多数企业选择将食堂予以外包，这在很大程度上是为了减去企业身上的非核心业务功能，从而让专业的餐饮公司经营食堂，为企业员工提供更为优质的就餐服务。实际上，食堂外包不仅有优势，也有劣势，对此，我们要有清醒的认识。

食堂外包的优势：一是有利于降低食堂的采购成本，即专业的餐饮公司往往采购量大，成本会低廉一些，而且采购渠道也会专业一些；二是餐饮公司相对更加专业，加工更加科学、简单、标准化，从而节省了不必要的人力成本，有利于降低食堂的生产成本；三是有利于企业专注于自己的核心领域，从而提高管理效率。

当然，食堂外包也有些弊端。首先，有些外包餐饮公司为了节约成本，不免以次充好，影响菜品质量 。其次，企业将食堂外包出去，就不再是自营食堂，假如食堂出现问题，需要进行整改，则速度会较慢。最后，假如企业在外包食堂时选择的餐饮公司不够专业，可能会直接影响饭菜质量。

虽然企业在外包食堂方面有利有弊，但总的来说，企业在选择要外包的餐饮公司时，如果适当增加监管措施，那么在很大程度上还是能够克服食堂外包的弊端的。我们在此可以参考某公司在将食堂外包后的一系列监管做法。

食堂外包后的监管方案

1. 监督与管理

（1）成立膳管会，定期对食堂卫生及饭菜质量进行监督。

（2）强化员工监督，设立食堂职工监督栏，定期做问卷调查，通过听取员工的意见，汇总后向承包方发出整改通知，承包方必须响应，并提交整改措施，由行政部后勤主管监督执行。

（3）每月进行一次食堂工作考核，考核内容包括食堂工作人员的工作态度、食堂管理制度执行情况等相关事宜。

（4）食堂承包方人员必须遵守公司的管理制度，人员、车辆、物资出入门时要配合检查登记，未经公司有关部门同意，不得携带物品出厂。

2. 奖惩

（1）食堂工作人员能够认真履行职责、无工作失误、饭菜质量好、员工满意度在90分以上的，膳管会在考核后会酌情给予500～2 000元奖励。

（2）承包方如在经营期间有下列情况之一，则公司有权终止合同，并罚款2 000～5 000元。

① 因食堂内部管理不善，无法保证向员工提供规定的伙食标准。

② 员工对承包方提供的服务强烈不满，严重影响公司正常工作的开展。

③ 不服从管理，态度恶劣，影响食堂整体形象，员工对伙食严重不满，多次提出仍未整改。

④ 不履行合同条款，有严重违法经营行为或严重违反《食品卫生法》和违反公司有关规定。

3. 承包责任

若出现食物中毒现象，则承包方应承担所有责任。

总的来说，企业在将食堂进行外包时，应与承包方签订适当的承包合同，并具有对承包方足够的监管权，从而督促食堂承包方更好地为企业及员工提供服务。

员工宿舍管理

当企业为员工提供宿舍时，就会涉及员工宿舍管理。我们以某公司的《员工宿舍管理制度》为例，对企业员工宿舍管理进行一些了解。

员工宿舍管理制度

1. 总则

（1）为加强员工宿舍的管理，保证宿舍的安全、文明、整洁，使员工有一个良好的生活环境，以提高工作效率，特制定本制度。

（2）适用范围：本制度适用于在公司宿舍内住宿的员工。

（3）责任部门：公司员工宿舍管理由行政部负责。行政部的管理职责包括：负责员工宿舍公共设施的购买、维护及统计报修，检查员工宿舍的各种安全、卫生情况。

2. 入住与退宿相关手续

（1）员工申请住宿条件及方式。

公司员工无适当住所或交通不便者，可至行政部申请住宿。

凡有下列情况之一者，不得住宿：

A.患有传染病者；B.有不良嗜好者；C.携带他人住宿者；D.不遵守本管理制度者。

（2）退宿。

员工离职（包括自动辞职、解聘等）时，应于离职3日内到办公室办理移交手续，清点财物，迁离宿舍，不得借故拖延，违者由公司强制迁出；员工因其他原因不需在员工宿舍住宿时，应至办公室提出申请并立即办理宿舍相关物品移交手续，并于3日内将个人物品搬离员工宿舍。

3. 宿舍日常管理制度

（1）任何员工未经公司许可，不得擅自留宿外人。

（2）员工不得于宿舍内有酗酒、赌博、打架斗殴、骂架等不良行为。

（3）注意宿舍内安全用电，室内禁止烧煮、烹饪或私自接配电线并装接额定功率大于400瓦的电器；人员离开时务必检查并关掉所有电器的电源。

（4）注意安全，防火防盗；员工离开宿舍时必须关好门窗；室内严禁使用或存放危险及违禁物品；现金、财物等应妥善保管，贵重物品应避免携入，遗失由各自负责。

（5）住宿人员不得有意损坏宿舍公共设施，如造成损坏，则由办公室酌情处理，相关责任人员应负担该项修理费或赔偿费，并视情节轻重予以其他处罚。

（6）员工宿舍应保持良好的卫生状况，并应遵守如下几点原则。

① 个人物品摆放整齐；不得随手乱抛垃圾；垃圾应及时清理至垃圾池。

② 安排卫生值日人员，并保持地面及门前清洁；每周应最少组织一次大扫除，以清洁卫生死角；保持宿舍内整洁卫生，室内无杂物，地面、墙面无污迹，天花板无蛛网，空气清新、无异味。

③ 废物、垃圾等应集中于指定场所倾倒。

④ 不得于墙壁、橱柜上随意张贴字画或钉物品。

⑤ 应达标准：室内地面无垃圾、痰迹、积水，鞋子摆放整齐；墙面清洁，无印迹，不钉钉子，室内不准拉绳子、铁丝，墙面墙角无蜘蛛网；衣物、被子叠放整齐，床单平整；室内保持空气新鲜、无异味；门窗玻璃清洁，不私接电线，不违章用电，卫生间无污物、无污迹，窗台无灰尘。

4. 附则

本制度自颁布之日起开始实行。

上述《员工宿舍管理制度》可供读者朋友参考，行政人员可以根据工作中的实际需要予以调整和补充。

员工租房补贴管理

为了解决好员工的住宿问题，不少没有员工宿舍的企业会给员工发放一定的租房补贴，帮助员工有个比较稳定的住所，从而使员工能够安心工作。我们接下来以某企业的《租房补贴管理办法》为例，了解企业在员工租房补贴管理方面的举措。

租房补贴管理办法

1. 目的

为解决员工的住房问题，减轻员工租房负担，提高公司的福利水平，特制定本办法。

2. 范围

凡因工作关系，经公司调离现住址或本籍地以外区域的员工需租房住宿的，由该员工自行申请，经审批核准后开始付租房补贴。

3. 条件

（1）申请者为本公司正式员工（新员工转正后次月开始享有）。

（2）公司未提供宿舍。

（3）公司所在地没有住房的或服从公司调动安排去外地工作的。

（4）员工配偶在公司所在地有住房的，不得申请租房补贴。

4. 标准

租房补贴标准

职务（级别）	补贴标准
副总经理级	1 200元/月
经理级	1 000元/月
主管级	800元/月
职员级	600元/月

公司引进的特殊人才，其租房补贴标准由总经理办公会审议另行决定。

5. 程序

（1）员工个人提出书面申请，填写“租房补贴申请表”，所在部门认真审核个人情况且负责人签字确认后交行政部。

（2）提供租房合同复印件、所租房屋产权证复印件等相关材料。

（3）行政部对申请人基本情况进行复核，确定租房补贴标准，报财务部。

（4）财务部凭审核结果随工资按月发放。

（5）租房补贴根据实际变动情况每月复核一次。

6. 其他

（1）员工在工作所在地购买住房的，在拿到房屋钥匙两个月后停止发放租房补贴。

（2）若员工兼任两个分公司岗位，则租房补贴不能重复申请，原则上在发放工资的分公司申请。

（3）个人住房情况应如实填写，并及时向行政部反映住房变化情况，若发现员工弄虚作假，则一经查实，将追缴全部补贴金额，并予以全公司通报批评处分。

（4）本办法由行政部负责解释和修订。

另外，根据我国《个人所得税法实施条例》的规定，公司支付给员工的租房补贴费用，应计入员工工资薪金所得，需征收个人所得税。这样，扣除员工所缴纳的相应的个人所得税，员工所获得的租房补贴就会有些缩水。

企业根据经济业务发生的实质内容，取得合法发票进行实报实销的费用属于企业的正常经营费用，不需缴纳个人所得税。为此，员工可以通过正规渠道进行租房，并取得相应的租房发票，在发票抬头上规范地写上公司的名称，从而以实际、合法、有效的发票据实列支，实报实销，这在一定程度上可以起到合理避税与节税的效果。

上述《租房补贴管理办法》仅供大家参考，行政人员在工作中可以根据实际情况予以调整和补充。

员工心理健康管理

据心理学研究发现，适度的压力能够给一个人带来良好的工作动力和乐观的生活目标，有助于提高工作效率和生活满意度；高负荷的压力却往往会给人带来极大的负面影响，甚至直接影响工作效率和业绩。基于此，越来越多的企业开始注重对员工进行心理健康管理。

工作压力，工作环境，人际关系，职位变迁收及福利、薪水的差异，家庭的和谐程度等都会直接影响员工的心理健康状况。通常情况下，员工的心理健康程度，主要表现为五大心理状态，即职业压力感、职业倦怠感、职业方向感、组织归属感与人际亲和感。员工的心理健康问题主要是这5种心理状态的均衡。

那么，保障员工心理健康能够为企业带来哪些有益的影响呢？

一方面，可以减少人才损失，使员工更有归属感和工作热情，从而吸引更多的优秀员工，有利于降低重大人力资源风险，保护企业的核心资源。另一方面，可以提高劳动生产率。当员工心理压力处于最佳水平时，有助于员工身心更健康、精力更加充沛，从而提高企业的劳动生产率，增强企业的核心竞争力。再一方面，可以预防危机事件发生，企业对员工的心理压力水平进行有效监控，有助于及时调整员工身心状态，预防员工心理危机事件的发生。

那么，健康的员工心理有哪些可供参考的标准呢？我们在此简述心理学家列举的10个标准，以供大家参考。

（1）有适度的安全感，有自尊心，对自我的成就有价值感。

（2）适度地自我批评，不过分夸耀自己，也不过分苛责自己。

（3）在日常生活中，具有适度的主动性，不为环境所左右。

（4）理智、现实、客观，与现实有良好的接触，能容忍生活中挫折的打击，无过度的幻想。

（5）适度地接受个人的需要，并具有满足此种需要的能力。

（6）有自知之明，能对自己的能力做出客观的估计。

（7）能保持良好的人格，个人的价值观能适应社会的标准，对自己的工作能集中注意力。

（8）有切合实际的生活目标。

（9）具有从经验中学习的能力，能根据环境的需要改变自己。

（10）有良好的人际关系，有爱人的能力和被爱的能力。在不违背社会标准的前提下，能保持自己的个性，既不过分阿谀，又不过分寻求社会赞许，有个人独立的意见，有判断是非的标准。

在实际工作中，我们应该怎样帮助员工保持一种比较健康的心理状态呢？在此主要介绍3种方法。

第一种是找到控制压力反应的方法。在面临心理压力时，一定要做到不要让压力占据你的头脑，保持乐观是控制心理压力的关键，要将挫折视为鞭策我们前进的动力，遇事要多往好处想，不要养成消极的思考习惯。

第二种是尝试创造一种内心的平衡感。保持冷静是防止心理失控的最佳方法，另外，按摩对减轻压力也非常有效。

第三种是懂得平衡你的生活。一个行之有效的方法是把一切都写下来，事后不要修改，也无须重读，过段时间你会发现，当所有的烦恼都表达出来后，你的头脑会变得比较清楚，也能更好地处理这些问题。

总之，保持员工心理健康是一件对企业很重要的事情，不仅对员工本人的身心有利，还有利于企业整体工作的改善。为此，行政人员应该积极想办法改善员工的心理状态。

员工福利管理

企业后勤管理是行政管理中的重要组成部分，涉及不少属于员工福利的内容，比如员工的食宿、租房补贴、心理辅导等。我们接下来以某企业的《员工福利管理制度》为例，比较系统地了解员工的福利管理。

员工福利管理制度

1. 总则

（1）目的。为了给员工营造一个良好的工作氛围，吸引人才，鼓励员工长期为企业服务并增强企业的凝聚力，促进企业的发展，特制定本制度。

（2）适用范围。企业所有员工。

（3）权责单位。

① 人事行政部负责本制度的制定、修改、解释和废止等工作。

② 总经理负责核准本制度的制定、修改、废止等。

2. 福利的种类及标准

（1）社会保险。企业按照《劳动法》及其他相关法律规定为员工缴纳养老保险、医疗保险、工伤保险、失业保险和生育保险。

（2）企业补充养老保险。企业补充养老保险是指由企业根据自身经济实力，为本企业员工建立的一种辅助性的养老保险。它居于多层次养老保险体系中的第二层次，由国家宏观指导、企业内部决策执行，其资金由企业和员工共同承担。

① 企业补充养老保险资金来源的主要渠道：参保员工缴纳的部分费用；公益金；福利金或奖励基金。

② 企业与参保员工缴费比例：企业每月缴费比例为参加补充养老保险员工工资总额的____%，员工每月缴费为其月工资总额的____%。

（3）各种补助或补贴。

① 工作餐补助。发放标准为每人每日____元，随每月工资一同发放。

② 节假日补助。每逢“五一”“十一”和春节，企业为员工发放节假日补

助，正式员工每人____元。

③ 其他补助。生日补助，正式员工生日时（以员工身份证上的出生日期为准），企业为员工发放生日贺礼____元，并赠送由总经理亲笔签名的生日贺卡；结婚补助，企业正式员工满一年及一年以上者，给付结婚贺礼____元，正式聘用未满半年者贺礼减半，男女双方都在企业服务的正式员工贺礼加倍。

（4）教育培训。

为不断提升员工的工作技能和促进员工自身发展，企业为员工定期或不定期提供相关培训，其采取的方式主要有在职培训、短脱产培训、公费进修和出国考察等。

（5）设施福利。

设施福利旨在丰富员工的业余生活，培养员工积极向上的道德情操，包括组织旅游、文体活动等。

（6）劳动保护。

① 因工作原因需要劳动保护的岗位，企业必须发放在岗人员劳动保护用品。

② 员工在岗时，必须穿戴劳动用品，并不得私自挪作他用；员工辞职或退休离开企业时，须到人事行政部交还劳保用品。

（7）各种休假。

① 国家法定假日。国家法定假日包括元旦（1天）、劳动节（1天）、国庆节（3天）、春节（3天）、清明节（1天）、端午节（1天）、中秋节（1天）。

② 带薪年假。员工为企业服务每满1年可享受____天的带薪年假；每增加1年相应增1天，但最多为____天。

③ 其他假日。具体见下表。

其他假日

假日	相关说明	薪资支付标准
婚假	符合《婚姻法》规定的员工结婚时，享受3天婚假；若是晚婚，则除享受国家规定的婚假外，还增加晚婚假7天	全额发放员工的基本工资

续表

假日	相关说明	薪资支付标准
产假	女职工的产假有90天，产前假15天，产后假75天。难产的，增加产假15天；多胞胎生育的，每多生育一个婴儿增加产假15天	按相关法律规定和公司政策执行
事假	必须员工本人亲自处理时，方可请事假并填写“请假单”	扣除请假日的全额工资
病假	员工请病假，需填写“请假单”；规定医疗机构开具的病休证明	扣除劳动者本人所在岗位标准工资的____%

3. 员工福利管理

（1）人事行政部于每年年底必须将福利资金支出情况编制成相关报表，交付相关部门审核。

（2）福利金的收支账务程序比照一般会计制度办理，支出金额超过_____元需提交总经理审核。

上述《员工福利管理制度》仅供大家参考，行政人员在工作中可以根据实际需要予以调整与补充。

表单一：员工住宿申请表

员工住宿申请表

<table>
<tr><td>申请人姓名</td><td></td><td>性别</td><td></td><td>籍贯</td><td></td></tr>
<tr><td>任职部门</td><td></td><td>职务</td><td></td><td>入职时间</td><td></td></tr>
<tr><td>身份证号码</td><td colspan="2"></td><td>现住址</td><td colspan="2"></td></tr>
<tr><td>申请事由</td><td colspan="5"></td></tr>
<tr><td>条款</td><td colspan="5">本人愿意遵守以下条款：
本人自觉遵守《员工宿舍管理规定》和员工宿舍区管理有关规章制度，不私自调换宿舍和床位；
本人自觉维护宿舍整洁，室内卫生做到“清洁、整齐、文明、有序”；
本人自觉维护宿舍公共区域的卫生，爱护公物，损坏公物自觉赔偿；
本人自觉遵守消防安全，节约用电、用水；
因公司总体安排和提高员工宿舍利用率，本人愿意服从公司对员工宿舍及其床位实行的动态调整。
签名确认：　　　　日期：</td></tr>
<tr><td rowspan="3">行政部安排</td><td>宿舍地址</td><td colspan="2"></td><td>房号</td><td></td></tr>
<tr><td>领用公物</td><td colspan="2"></td><td>住宿费</td><td></td></tr>
<tr><td colspan="5">备注：</td></tr>
<tr><td rowspan="3">审核</td><td>部门负责人审核</td><td colspan="4"></td></tr>
<tr><td>行政部审核</td><td colspan="4"></td></tr>
<tr><td>总经理审核</td><td colspan="4"></td></tr>
</table>

表单二：员工宿舍管理考核表

员工宿舍管理考核表

____宿舍　　　　____年____月

为规范宿舍管理，增强员工自查自律意识，树立公司的良好形象，给员工营造一个优美的住宿环境，特制定本考核表，并由行政部不定时抽检。

序号	考核指标	得分	日期
1	门窗洁净、明亮（1分/次）		
2	地面洁净、无卫生死角（1分/次）		
3	室内物品有序摆放（1分/次）		
4	被褥整洁、叠放整齐（1分/次）		
5	墙面、墙角整洁（1分/次）		
6	室内空气清新、无异味（1分/次）		
7	衣物、毛巾无乱丢、乱挂（1分/次）		
8	桌面物品有序摆放（1分/次）		
9	聚众喧哗、吵闹现象（−1分/次）		
10	鞋服整洁、摆放有序（1分/次）		
11	卫生用品摆放有序（1分/次）		
12	互助友爱、气氛融洽（2分/次）		
13	箱、柜整洁，摆放有序（1分/次）		
14	窗台、窗帘整洁（1分/次）		
15	空调外壳、滤网洁净（1分/次）		
16	电扇、电灯合理开关，23:00前熄灯（1分/次）		
17	将换洗的衣物随处晾晒（−1分/次）		

续表

序号	考核指标	得分	日期
18	将贵重物品存于宿舍（－1分/次）		
19	无故在宿舍内用餐（－1分/次）		
20	私自使用各种大功率电器设备（－5分/次）		
21	将无关的物品存放到宿舍（－5分/次）		
22	留宿外来人员（－10分/次）		
23	服从管理，配合监督，不无理取闹（10分/次）		
24	私自更换宿舍、抢占他人床位（－10分/次）		
25	在宿舍赌博、斗殴、酗酒（－100分/次）		
26	蓄意破坏公共配套物品或设施（－100分/次）		
27	私自挪用他人物品，有盗窃行为（－100分/次）		
28	故意违反宿舍管理制度，屡教不改（－100分/次）		
合计			

范本一：就餐卡使用管理规定

就餐卡使用管理规定

（1）本公司就餐卡为本公司食堂就餐凭证，不具有代金券效力。

（2）食堂工作人员在售饭时，应主动要求员工出示就餐卡，并在就餐卡上做好相应的标记。本公司实行“一人一卡一餐”。

（3）就餐卡仅限卡上登记的本人使用，不得转借他人，更不得将此卡出售给公司以外的人员，一经发现，将给予现金处罚。

（4）就餐卡由公司行政部统一制作并管理，任何人员不得仿制或随意更改登记信息。

（5）新员工入职后，应及时到公司行政部办理就餐卡，以免因为延误造成生活不便。

（6）外部人员到我公司就餐，需由接待部门带领到公司行政部办理就餐卡，说明就餐次数，并在接待部门负责人签字后外来人员方可领卡。

范本二：员工食堂满意度调查

各位员工：

为了完善公司食堂管理，持续提高服务质量，从而让员工更加精神饱满地做好生产，要求做公司员工食堂满意度调查。此次调查为不记名调查，希望大家从公司及自身实际出发，积极配合，认真、详实地填写下列问题。谢谢配合！

请在您认为合适的选项前打“√”（可多选）。

（1）食堂给您的整体感觉如何？

□ A.环境舒适整洁、饭菜可口　　□ B.环境一般、饭菜一般

□ C.环境一般、饭菜口味差　　□ D.环境差、饭菜口味差

其他意见：______________________________

（2）您认为食堂每餐中肉和菜搭配如何？

□ A.肉和菜搭配，不油不腻，口感不错

□ B.肉不错，青菜不好吃

□ C.青菜不错，肉比较难吃

□ D.有时就不错，有时都很差

其他意见：______________________________

（3）您觉得食堂每餐的汤类味道如何？

□ A.不错，挺好喝的

□ B.还行吧，偶尔味道还可以

□ C.一般，天天都是如此，我也不知道怎么受过来的

□ D.味道不行，很差

其他意见：______________________________

（4）您觉得食堂饭菜口味怎么样？

☐ A.很好，比我进过的其他单位都好

☐ B.一般，和其他单位没什么区别

☐ C.一般，偶尔味道还是可以的

☐ D.有待提高，没吃过这么难吃的饭菜

其他意见：________________

（5）您觉得目前食堂的菜偏油腻或咸、淡吗？

☐ A.偏油腻，不够健康　　☐ B.偏淡，食而无味

☐ C.偏咸，直接导致公司饮用水消耗过快

☐ D.比较适合，我每餐都吃，还不错，毕竟人多，胃口杂

其他意见：________________

（6）您觉得食堂工作人员的个人卫生习惯怎么样？

☐ A.不错，整体感觉都挺干净的

☐ B.凑合吧，劳动人民哪有那么多讲究

☐ C.一个字：脏　　☐ D.没注意过

其他意见：________________

（7）您在食堂饭菜中是否发现过异物？

☐ A.很干净、卫生，没发现过　　☐ B.没注意，吃饭时已经太饿了

☐ C.有，发现过一些小的异物　　☐ D.每餐我都有看见，习惯了

其他意见：________________

（8）您对食堂早餐中菜品的更新满意吗？

☐ A.很满意，能吃到各种各样的菜

☐ B.还行，如果能经常更换品种则最好

☐ C.每天菜都差不多，吃腻了　　☐ D.不知道，我都是在外面吃早点

其他意见：________________

（9）您对食堂午餐中菜品的更新满意吗？

☐ A.很满意，能吃到各种各样的菜

☐ B.还行，如果能经常更换品种则最好

□ C.每天菜都差不多，吃腻了

□ D.不知道，我都是在外面吃午餐

其他意见：________________

（10）您对食堂晚餐中菜品的更新满意吗？

□ A.很满意，能吃到各种各样的菜

□ B.还行，如果能经常更换品种则最好

□ C.每天菜都差不多，吃腻了　□ D.不知道，我都是在外面吃晚餐

其他意见：________________

（11）您觉得目前食堂炒菜时所用食用油的质量如何？

□ A.非常满意，我吃得很多　□ B.比较满意，尝着还不错

□ C.一般，有时咱也换一换吧　□ D.不满意

其他意见：________________

（12）您觉得食堂打的饭菜量够吗？

□ A.太多，也太浪费了啊

□ B.还可以，不可能每次都做得那么凑巧

□ C.不够，勉强填饱肚子

□ D.太少，有时候我都不舍得吃了

其他意见：________________

（13）您认为食堂开饭时间及时吗？

□ A.非常准时，很不错　□ B.偶尔不准时

□ C.基本不准时　□ D.很不准时

其他意见：________________

（14）目前您给食堂打几分？

□ A.60分以下　□ B.60～70　□ C.70～80

□ D.80～90　□ E.90 ～100

除此之外，您认为食堂还存在哪些问题？应怎样改进？还有什么意见或建议？

____

____

第七章 财产物资管理

在企业经营中，有个重要的概念是“资产”，这同样是企业财务会计中的一个重要概念。企业资产是由企业拥有或者控制，预期会给企业带来经济利益的资源。通常情况下，资产可以由货币数额反映，可以转换为一定数额的资金。比如，企业资产包括现金、银行存款、固定资产、应收及预付款项（包括应收票据）、存货、投资（包括委托贷款、委托理财）、无形资产（如品牌资产）和其他资产。这些资产便构成了企业所拥有的“财产”，成为企业组织生产经营的重要物质基础。

一般来说，企业行政管理中涉及对多项财产物资的管理，比如，对企业的办公场所进行管理、对一般办公设备（如办公桌、椅、凳、架、沙发、会议室设备）进行管理、对专用设备（如办公现代化的电脑设备、录音录像设备、放映摄像设备、打字电传设备、电话电报通信设备）进行管理、对运输设备（如汽车、飞机）进行管理以及对图书（如相关业务书籍）进行管理等。

中国有句古话“一屋不扫何以扫天下”，这句话在某种程度上是指一个人要懂得有效管理个人的各项用品，比如打扫个人居室内的卫生、合理归置各项用品，从而使得屋内各项用品井然有序。同样，企业也要对自己的财产物资进行管理，这是企业管理专业化的重要体现。

企业固定资产管理

我们在平时的工作中经常听说“固定资产”的概念。企业固定资产是指企业在生产经营过程中，作为主要劳动资料、使用期限较长、单位价值较高的资产，该资产预期会给企业带来经济效益。为了加强固定资产管理，满足企业内部的生产管理需要，提高企业的管理水平，我们在此以某公司《固定资产管理办法》为例，了解有关固定资产管理的知识。

固定资产管理办法

1. 固定资产范围

固定资产是指企业使用期限超过1年的房屋、建筑物、机器、运输工具以及其他与生产、经营有关的设备、器具、工具等。不属于生产经营主要设备的物品，单位价值在2 000元以上，并且使用年限超过2年的，也应当作为固定资产。

2. 固定资产分类

（1）生产用固定资产，即直接服务于生产、经营过程的固定资产。其包括以下种类。

① 房屋，指生产经营和行政管理部门使用的房屋以及与房屋不可分割的各种附属设施，如水、暖、防风等设施。

② 建筑物，指除房屋以外的其他建筑物，如厂区道路、围墙、停车场、水塔、蓄水池、储油罐等。

③ 施工机械，指施工用的各种机械，如超重机械、挖掘机械、土方铲运机械、筑路机械、混凝土搅拌机械、凿岩机械、基础用凿井机械等。

④ 运输设备，指运载货物的各种运输工具。

⑤ 生产设备，指加工维修用的各种机械设备，如材料加工设备、金属切削设备、锻压设备、焊接及切割设备、铸造及热处理设备、动力设备、传导设备等。

⑥ 仪器及试验设备，指对材料、工艺、产品进行研究试验用的各类仪器

设备，如计量用的精密天平、测绘用的经纬仪、水平仪、探伤仪以及做材料试验用的各种试验仪器等。

⑦ 电子仪器，指办公及生产使用的电子产品，如计算机、打印机、复印机、手机等。

⑧ 其他固定资产，指不属于以上各类生产用固定资产的物品，如消防用品、办公用具以及行政管理用的小汽车等。

（2）非生产用固定资产，指非生产单位使用的各种固定资产，如职工宿舍、俱乐部、食堂、托儿所等。

（3）租出固定资产，指出租给外单位使用的固定资产。

（4）未使用固定资产，指尚未投入使用的新增固定资产，进行改建、扩建的固定资产以及经营任务变更时停止使用的固定资产等。

（5）不需要使用的固定资产，指企业多余或不适用的需要调配处理的各种固定资产。

（6）租入固定资产，指企业以融资租赁方式租入的固定资产。

（7）土地，指清产核资中计价并登记入账的价值。

（8）用于融资的固定资产。

3. 固定资产分级归口管理

（1）固定资产的购置由公司统一核算、统一筹集资金。

（2）生产用的内部固定资产设备在调动时由市场部负责办理“固定资产内部调动通知单”一式四联手续。市场部、财务部、调出单位、调入单位各一联，同时固定资产的卡片随同调出转入调入单位。

（3）对公司下拨的固定资产，使用单位只有使用权与管理权，按规定逐月提取折旧，并按月上交给公司，保证资产的完整性。

（4）固定资产使用单位，每年年终会同公司有关部门进行全面清查，做到账、卡、物相一致。

上述《固定资产管理办法》仅供大家参考，行政人员在工作中可以根据实际需要予以调整和完善。

企业日常办公用品管理

通常情况下，每个企业都会有相应的办公用品，那么如何对这些办公用品开展有效的管理呢？我们接下来参考某公司的《办公用品管理制度》，从而对企业办公用品管理加强了解。

为加强本公司办公用品管理，节约成本，提高效率，规范流程，明确责任，倡导健康优质、绿色环保、勤俭节约的现代办公方式，特制定本制度。

办公用品管理制度

1. 办公用品分类

办公用品分为固定资产类办公用品、非消耗性办公用品和消耗性办公用品。

（1）固定资产类办公用品，如：办公桌、办公椅、传真机、复印机、电脑、打印机、扫描仪、碎纸机、照相机、汽车等。

（2）非消耗性办公用品，如：计算器、电话机、订书器、打孔机、剪刀、纸刀、白板等。

（3）消耗性办公用品，如：笔记本、签字笔、圆珠笔、铅笔、橡皮、胶水、复写纸、笔芯、公司印刷品、墨盒、复印纸、传真纸、水性笔、白板笔等。

2. 办公用品的申购

（1）公司各部门分别在每年3月10日及9月10日前，根据部门实际需要制订《半年度办公用品采购计划》，经部门主管签字后，填写“器材申购单”，经行政部经理签字、总经理审批后，交采购部统一购买。

（2）各部门申购办公用品时，需要部门负责人及相关分管领导进行签字。

（3）新入职员工，在入职当天发放配套的办公用品，如果在入职后一个月内辞职，则必须将领取的办公用品全部退回。

3. 办公用品入库

（1）办公用品入库前须进行验收，对于符合规定要求的，由行政部、供应员、仓库人员，共同对办公用品进行验收，仓库人员负责登记入库。

（2）对不符合要求的，由供应人员负责办理调换或退货手续。

4. 办公用品发放

（1）公司各部门领取办公用品时须填写“办公用品领取登记簿”，注明办公用品名称、数量、领用日期，待填写完整无误后，方可领取。

（2）为了降低资金占用，按照“用多少、领多少”的原则，行政部根据实际情况进行限量领取。

（3）办公用品使用、领用要严格执行以旧换新制度，以便最大限度地节省、节约、控制日常办公用品的支出成本。

5. 办公设备管理

（1）公司各部门所需的办公设备（电脑、传真机、电话机、桌、椅、档案柜等）由采购部统一购买。

（2）各部门所需的办公设备连同办公用品要一并进行申购，由相关领导签字确认后，交给行政部。

（3）各部门将领取的办公设备要及时编入“固定资产盘点表”，领用人进行登记，并遵循“谁使用谁负责”的原则，严格按照固定资产管理制度进行管理。

6. 考核标准

（1）未在规定时间内进行申购而影响本部门业务的，责任由相关部门承担。

（2） 各部门必须在规定的标准范围内申购，如超出范围则由各部门负责人自行承担。

（3）各部门在其他部门复印、打印时必须进行登记，写明打印缘由、张数以及日期，若打印过程中有浪费纸张现象，则必须注明浪费原因及浪费张数。

（4）严禁个人浪费和人为损坏行为，严禁员工将办公用品带出公司或私用。

（5）员工离职时应由部门其他人员与行政部人员检查其办公用品（消耗品除外），若有损坏的，则从应发工资中按市场价扣除，离职人员的办公用品由部门主管代管，若有损坏或丢失则由部门主管负责；部门主管离职时，其办公用品由部门其他人员共同代管，若有丢失或损坏，则由该部门人员共同负责，并在部门有新员工入职时，转让给新员工使用。

（6）凡属各部门或部门内员工共用的办公用品应由该部门人员共同负责，人为因素丢失或损坏时，由本部门自行解决。

（7）蓄意损坏办公用品的，由责任人按照市场价赔偿，并处以损坏办公用品价格一倍以上罚款；如果部门主管找不出责任人，则由该部门全体人员共同承担以上赔偿。

上述《办公用品管理制度》仅供大家参考，行政人员可以在工作中根据实际需要予以调整和补充。

企业办公设备管理

办公设备在企业日常工作中起重要作用，比如电脑、网络设施（如路由器）、打印机等。在工作中，这些办公设备一旦出现故障，往往会直接影响工作的开展。举例来说，现在办公越来越离不开电脑和网络，一旦出现电脑或者网络故障，公司的工作就无法进行。为此，如何管理好企业的办公设备，已经成为企业的一项重要工作。我们在此以某公司的《办公设备管理制度》为例，了解相应的办公设备管理措施。

办公设备管理制度

1. 总则

（1）为了更有效地管理和使用公司的办公设备，使现代办公设备在本公司充分发挥作用，特制定本制度。

（2）办公设备，包括计算机及其附属设备、网络设施、电话机、传真机、复印机及附属设备等以及专用于公司办公、开会及培训所用的设备。

2. 职责

（1）计算机等办公设备的使用人负责设备的正确使用和日常维护与保管，若使用过程中出现人为损坏，则经发现、核实后，需照价赔偿。

（2）行政部负责办公设备的日常管理工作。

（3）公司财务部负责办公设备的报废处理工作。

3. 作业内容

（1）办公设备的配置：由使用部门主管提出申请、经总经理批准后，由公司安排采购。

（2）办公设备入库、验收：办公设备采购后须办理入库、验收、领用手续，行政部负责设备质量的验收，验收合格后，保管员根据实际入库数量填写“办公设备入库单”办理入库。

（3）办公设备的使用与维护。

① 计算机等办公设备专用于员工办公使用，不得挪作于非工作之外的其他用途。

② 除使用人及管理人员以外，其他人员不得上机操作，如有违反则按制度处罚，使用人不正规操作造成办公设备损害的，需照价赔偿。

③ 计算机使用人在利用网络给其他员工共享文件时须设置密码，以免他人破坏。

④ 计算机使用人须遵守公司的保密规定，电脑信息属公司机密，不得向公司外部人员泄露。

⑤ 计算机使用人不得有意破坏电脑硬件设备，一经发现、核实，需照原价的3倍进行赔偿。

⑥ 计算机使用人在关机时，不得强行切断电源进行关机，应按操作规范进行关机。

⑦ 计算机使用人要做好日常数据备份工作，坚持做到数据双备份，重要文件资料可以备份到软盘，如有特殊要求，则可做成光盘进行永久性保存。

⑧ 打印机在日常使用中，色带、墨盒用完时需及时更换，更换时须严格按操作说明进行操作。

⑨ 电话机、传真机、复印机及附属设备等办公设备需由专人使用，出现故障须由专业人员维修。

（4）办公设备的维修。

① 计算机及附属设备的维修。计算机出现软件、硬件问题时，使用人需向技术人员申请维修。

② 其他办公设备的维修。一般异常，由行政部安排技术人员排除；若涉及更换配件，则行政部向分管领导申请并经批准后，安排相关技术人员购买并维修。

（5）办公设备的报废认定与处理。

计算机、打印机、复印机、传真机等办公用品，由于故障而无法修复或无维修价值需要报废的，设备使用部门须填写“计算机等办公设备报废单”，交行政部进行审核，报总经理批准后，交公司财务部处置。

出售或报废处理物品时，须获得总经理的批准，才能进行出售或报废处理。

出售或报废处理办公设备，要到财务部办理相关手续。

上述《办公设备管理制度》仅供大家参考，行政人员在工作中可以根据实际情况予以调整和补充。

企业车辆管理

企业在日常经营中，通常要使用车辆，有的用以迎来送往，有的将车辆作为不可缺少的生产工具等。因此，企业少则有一辆或数辆汽车，以车辆为主要生产工具的企业拥有的车辆甚至多达上百辆、上千辆。基于车辆的特殊性，包括日常维护、行驶安全等，企业都会对车辆做出相关管理规定。我们接下来以某企业的《车辆使用管理办法》为例，了解关于车辆管理的若干举措。

车辆使用管理办法

1. 目的

为了合理安排车辆使用，提高车辆的使用率，节约公司车辆使用方面的费用，并使之规范化、秩序化，特制定本办法。行政部负责对列入公司管制的车辆进行统一管理和调度；财务部负责对相关费用进行审核控制。

2. 要求

（1）为合理调配车辆，由用车部门及用车人填写“用车申请单”并提前半天交行政部安排车辆，否则不做安排（紧急、特殊情况除外）。

（2）用车人员及驾驶员出车一律到行政部申请，并在登记后出车（特殊情况除外），严禁私自出车。

（3）严格按规定时间出车、按时返回，返回后及时通报行政部，驾驶员不得无故离岗。

（4）行政部在安排出车时应合理安排班次和时间，用车人员应该服从。

（5）允许有驾驶执照的部门负责人自行驾车。如需自行驾车，则需在下班前或休息日前一个工作日内到办公室办理相应手续，办理登记手续并领取车钥匙，用车返回后应及时交还。

（6）原则上实行驾驶员“定车、定人”安排，特殊情况下由办公室做适当、及时地调整。

3. 车辆保养

（1）驾驶员应及时保养、维护好车辆，并确保车辆处于良好的技术状态，随时保证使用车辆的正常运行，要确保行车安全。如遇特殊情况，车辆不能正常运作，则要及时报告行政部，妥善解决，以备用车之需。

（2）公司车辆一律停放在公司院内指定地点，不得以任何理由擅自驱车外出停放。对因违反以上规定而影响工作并造成事故者，除视情节轻重予以处罚外，还应由肇事者本人承担全部责任并赔偿经济损失。

（3）每次接车或出车前，驾驶员须检查车辆外观各部位的完好状况。如发现意外损坏，则应查明原因，否则按驾驶员意外损坏处理。

4. 车辆相关费用报销、行车线路及违章

（1）车辆的保险费、养路费、过路费、燃油费及凡因公使用的费用，驾驶员凭发票、出车单等单据按照《因公出差及差旅费报销管理办法》进行报销。

（2）车辆需要修理或添置各类用品时，先填写“申购单”，经总经理审核，并报行政部核准后，填写“维修保养记录表”，事后开票附“申购单”经行政部初审、财务部审核，报总经理批准后报销。如在行车途中，发生非人为的故障（如爆胎等现象），则司机必须立即打电话报告行政部，再进行维修，回公司后必须及时补上相关手续。

（3）驾驶员在行驶过程中发生摔、碰、撞等意外小事故的，驾驶员须自行负责车辆维修，并承担维修费用。

（4）公司驾驶员违反交通规章（如闯红灯、违章停车等），造成罚款的，公司不予报销（特殊情况除外），由违规驾驶员个人承担责任，并准时交纳罚款。如有违章而不按时交纳罚款，则一经发现除赔偿外，公司还将从严处分。一个月内如发生违章事故超过3次，则给予驾驶员开除处分。

（5）在出车途中发生交通事故时，若属于公司方驾驶人员责任，除责任人必须承担肇事责任并赔偿公司损失外，公司还将对驾驶人员给予处分。

5. 其他

已取得驾驶证的公司人员自行用车或驾车的，违章及事故处理需按以上规定执行。

上述《车辆使用管理办法》仅供大家参考，行政人员在工作中可以根据实际情况予以调整和补充。

企业节能减排管理

行政部应加强对企业的节能减排工作的管理，如加强用电管理、使用节能灯具等，从而有效降低行政费用。同时，行政部还应加强对企业全体员工进行节能减排的宣传与教育工作，督促所有员工共同参与节能减排工作。

在具体实施中，行政部可以组织以总经理为首的节能管理小组，统筹、综合、协调、管理企业的各项节能工作，贯彻执行国家、地方、行业主管部门有关节能减排的方针、政策、法规、标准，组织制定并实施节能管理细则、节能目标和各种有关管理标准，检查企业的各项节能工作，定期召开节能工作例会，布置、检查、总结节能工作。

在节能减排中，行政部还应掌握相应要点，比如：开发新能源，节约现有能源，以效率为本，突出节能减排工作的战略地位；坚持优化结构、多能互补的原则，依靠加强管理、结构调整、科技创新、技术改造等措施，持续有效地开展节能工作；坚持节能减排与降本增效相结合、源头控制与存量挖潜相结合、依法管理与政策激励相结合、突出重点与全面推进相结合的原则；坚持节能减排与发展相互促进的原则，实现节能减排和企业发展双赢的目标。

在将节能减排任务划分给各部门实施的时候，各部门应贯彻上级有关节能减排工作的各项规章、制度，制定本部门有关节能减排管理的实施细则；负责编制本部门节能减排的中长期规划和年度计划，负责本部门节能减排工作的监督、检查、考核、评比与经验交流等工作，负责本部门节能减排新技术、新工艺、新设备和新材料的推广工作，组织或参与节能技术开发工作，组织开展节能减排宣传工作，增强本部门员工的节能减排意识。

另外，行政部要做好企业用电、用水、车辆用油等工作。具体来说，明确各部门办公场所内开启空调的条件及连续开启空调的时间，电脑、打印机、传真机和复印机等设备要随用随开或调为自动节能状态，避免电器长时间处于待机状态；办公室、会议室等场所应充分利用自然光，减少不必要的开灯，严格做到“人走灯灭”，下班后要自觉关闭无须开启的电器；行政部要加强供水设施的日常维护管理工作，要求维修人员定期对供水设施进行检修，杜绝跑、冒、滴、漏以及长流水现象；行政部要做好车辆的日常养护工作，确保车辆在最佳状态下行驶，倡导文明驾车，督促司机采取得当的方法降低与维持正常的油耗。

此外，行政部应积极使用节能新产品，淘汰国家明令禁止使用的高能耗设备和产品，做好高能耗设备的节能改造和更换工作；有计划地开展节能减排宣传工作，做好节能减排培训工作，积极宣传企业节能减排的方针、政策、法律、法规等；引入必要的节能减排检查与考核方法，增强员工的节能减排意识。

总之，节能减排可谓企业的一项长期工作，需要天天进行。行政部需要通过环境制约以及员工的自觉性，做好企业的节能减排工作。

表单一：固定资产登记表

______________公司固定资产登记表

部门名称（盖公司公章）：　　　　　　　　填表时间：　年　月　日

资产类型	名称	单位	数量	品牌	租用	自购	购买时价值	显示估值	备注
房产	宿舍								
	办公室								
家具	办公桌								
	办公椅								
	会议桌								
	会议椅								
	沙发								
	文具柜								
	饮水机								
设备	台式电脑								
	笔记本电脑								
	固定电话机								
	手机								
	传真机								
	复印机								
车辆									

续表

资产类型	名称	单位	数量	品牌	租用	自购	购买时价值	显示估值	备注
其他固定资产									
合计									

填表人（签名）： 审核人（签名）：

表单二：固定资产移交清单

________________公司固定资产移交清单

<table>
<tr><td>调出部门</td><td colspan="4"></td><td>使用人</td><td colspan="3"></td></tr>
<tr><td>调入部门</td><td colspan="4"></td><td>使用人</td><td colspan="3"></td></tr>
<tr><td colspan="9">移交原因说明：

调出部门使用人签字：　　　年　月　日</td></tr>
<tr><td>固定资产名称</td><td>单位</td><td>数量</td><td>品牌</td><td>型号</td><td>序列号</td><td>规格及功能</td><td>金额</td><td>资产编号</td></tr>
<tr><td></td><td></td><td></td><td></td><td></td><td></td><td></td><td></td><td></td></tr>
<tr><td></td><td></td><td></td><td></td><td></td><td></td><td></td><td></td><td></td></tr>
<tr><td></td><td></td><td></td><td></td><td></td><td></td><td></td><td></td><td></td></tr>
<tr><td colspan="5">调出部门签交：

使用人：　　年　月　日
负责人：　　年　月　日</td><td colspan="4">调入部门签交：

使用人：　　年　月　日
负责人：　　年　月　日</td></tr>
<tr><td colspan="5">实物管理部门核实意见：

负责人：　　年　月　日</td><td colspan="4">人事行政部门核实意见（如属人员调动原因，则需人事行政部门审阅并据此开具人事调令）：

负责人：　　年　月　日</td></tr>
</table>

表单三：办公用品请购单

______公司办公用品请购单

请购日期：____年__月__日

姓名		所在部门	
请购用品	档案盒、抽杆夹、加密锁、空气加湿器、U盘、硬盘、直尺	价值	
请购理由			
部门意见			
领导审批意见			

请购人签名：

表单四：办公用品领用登记表

________公司办公用品领用登记表

制表部门：行政部

序号	日期	物品名称	领用数量	领用部门	领用人	备注
1						
2						
3						
4						
5						
6						
7						
8						
9						

表单五：车辆日常检查表

____________公司车辆每日检查表

车牌号：　　　　　　　　　车辆类型：　　　　　　　　日期：　　年　月　日

序号	检查项目	检查内容	是否合格（合格打“√”，不合格打“×”）	异常状况说明
1	车身外观	车辆外观应整洁，各零部件应完好、连接紧固、没有缺损		
2	发动机检查	发动机应有良好的动力性能，运转平稳，怠速稳定、无异响，机油压力正常；发动机应有良好的启动性能		
3	漏水的检查	发动机停转及停车时，水箱、水泵、缸体、缸盖、暖风装置及所有连接部位均不得有明显的渗水、漏水现象		
4	漏油的检查	不得有明显的漏油现象		
5	汽油	无泄漏，汽油充足		
6	机油	颜色为黄色，且流动性较好		
7	防冻液	管道有无裂缝和泄漏，防冻液充足		

续表

序号	检查项目	检查内容	是否合格（合格打“√”，不合格打“×”）	异常状况说明
8	轮胎	同轴两侧是否装用同一型号、规格的轮胎；轮胎的型号、速度级别及胎冠花纹深度、轮胎气压是否符合规定；轮胎的胎面、胎壁有无长度超过25毫米或深度足以暴露轮胎帘布层的破裂和割伤及其他影响使用的缺损、异常磨损和变形；轮胎螺栓、半轴螺栓是否齐全、紧固		
9	制动系统检查	制动系统应经久耐用，不能因振动或冲击损坏。行车制动系统制动踏板的自由行程和踏板力应符合该车有关技术条件		
10	转向系统检查	转向盘应转动灵活、操纵方便、无阻滞现象。车轮在转向过程中，不得与其他部件有干涉现象		
11	照明、信号装置和其他电气设备的检查	灯具应安装牢靠、完好有效；所有灯光的开关应安装牢固、开关自如		
12	其他项目			
主管领导签字			司机签字	

第八章 安全保障管理

我们在走进一些厂区的时候，通常会发现厂区门口有安保人员值班，厂区内部还会有安保人员巡逻值班；我们在走进一些办公写字楼的时候，也会看到写字楼内部的安保人员。这可以直观地反映出企业为了维持正常的生产经营活动不被干扰，需要一定程度的安全保障管理。其中，一些在写字楼内办公的企业的安全保障管理主要由所在写字楼的物业公司负责。

另外，随着企业经营对互联网的依赖越来越多，企业还要有效地对网络系统的硬件、软件及其系统中的数据进行保护，确保系统连续、可靠、正常地运行。举例来说，在实际工作中，有些企业员工的电脑中了计算机病毒，使得电脑中的一些重要资料被损毁；有些企业的官网“被黑”，即官网上的正常内容被删改，或呈现其他不和谐的内容，既破坏企业的形象，也影响企业生产经营的正常开展等。

企业在经营中会遇到多项安全保障事务，比如为了对员工进行劳动保护，发放劳保用品；为了做好消防安全，制定相关消防措施，必要时开展消防演习；为了做好网络安全，企业聘请网络管理人员或寻找第三方技术企业合作，开展网络安全工作等。

通常情况下，影响企业日常安全的因素有很多，既有主观因素，又有客观因素，企业必须定期对影响安全工作的因素进行调查分析，并在此基础上采取切实有效的改进措施。一般来说，主观因素是指人的因素，具体包括公司管理者的素质和员工自身因素；客观因素则泛指人以外的因素。影响企业日常安全的主、客观因素见表8-1。

表8-1 影响企业日常安全的主、客观因素

主观因素	管理者的因素	没有忠于职守，有渎职、玩忽职守等行为；没有对员工进行安全意识教育和安全技术教育；没有及时检查、监督安全工作
	员工自身因素	安全意识不强，例如，员工不了解安全警示标志和安全守则、不使用劳动保护用品等；未能很好地掌握操作方法、技巧或未严格按规范操作；有的员工由于长期加班，因而过度疲劳，结果在工作过程中产生精力不集中或工作情绪不稳定的现象，造成事故的发生；责任心和纪律性较差，主要表现为不遵守劳动纪律、不履行岗位职责，串岗、漏岗等
客观因素	生产过程中的不安全因素	生产工具及附件或材料等有缺陷，缺乏个人劳动保护用品
	工作环境的不安全因素	工作场所过分拥挤或布置不当，地面不平，有障碍物存在或地面过滑；办公区未设置紧急出口或出口较少；办公区光线不足或光线太强；办公区有噪声，使员工心情烦躁、无法安心工作；办公区温度、湿度、空气清洁度不符合标准

针对影响企业日常安全的主客观因素，企业在安全管理中还要注意以下方面。

1. 事先教育与事先防范相结合

安全工作不仅关系到企业的财产利益，还直接关系到公司员工的生命安全，因此，安全工作必须由公司和员工共同协作完成。公司管理层不但要做好安全检查、保卫等事先防范工作，而且要对员工进行安全知识教育，使员工意识到安全生产的重要性和采取防范措施的必要性。

2. 事先防范与事后抢救相结合

一般来说，企业都会有程度不等的安全防范措施，即便如此，由于生产工艺的特殊性，仍难免会有一些意外事件发生，这就需要公司在意外事件发生后采取应急的补救措施，从而把给公司造成的损失和对员工的损害降至最低。另外，企业在处理完意外事件后，还要及时对意外事件发生的原因和教训进行总结，并应用到事先防范和教育中，尽量避免再次发生类似事件。

在实际工作中，企业安全管理工作通常包括的基本内容见表8-2。

表8-2 企业安全管理工作基本内容

序号	内容	具体说明
1	对员工的安全教育	从思想上、法规上和技术上对公司员工进行教育培训，使员工不仅意识到安全工作的重要性，还了解应该如何进行安全操作，从而避免事故的发生
2	进行安全检查	这是对安全管理工作中的一种防范措施，安全检查的执行很大程度上会降低事故的发生率。安全检查必须由专门的技术人员进行，员工要做好配合工作，如对安全检查工作的监督、报告的存在隐患等
3	意外事故的抢救	意外事故的发生一般具有突发性和意外性，因此，在平时就应准备好应急抢救方案，这样在事故发生时就能按预定方案有条不紊地实施抢救。抢救后，要及时进行分析调查，总结经验教训，避免意外事故的发生

上面的内容主要从宏观上介绍了企业的日常安全管理，我们接下来针对安全管理中的不同模块进行阐述。

网络安全管理

随着信息化时代的到来，自动化、网络化办公日益成为大多数企业常用的办公方式，网络安全问题也变得越来越重要。在实际工作中，有些企业不注重网络安全管理，结果遭受了严重的损失，比如企业核心文件被病毒损毁或被盗走等。因此，行政部应将网络安全作为安全管理中的一个重点，对员工进行网络安全培训，提升员工的网络安全意识。

目前，企业运用的网络主要有“内网”和“外网”之分。“内网”又称“私网”“局域网”，网内的用户之间可以实现信息共享，网外的用户无法访问内网的资源；“外网”又称“公网”“互联网”，我们平时访问外部资源主要是通过外网进行。在实际工作中，企业可以根据实际需要，选择使用内网或外网，或者两者兼而用之。

那么，在使用网络的过程中，常见的网络安全隐患都有哪些呢？具体内容见表8-3。

表8-3 常见的网络安全隐患

序号	安全隐患	具体内容
1	网络通信	应用层协议FTP、SMTP等缺乏安全认证和保密措施，为攻击者提供了截获数据信息的通道
2	病毒	病毒的入侵会给企业网络安全造成严重损失，目前流行的病毒有系统病毒、木马病毒、糯虫病毒等。一般来说，网络是病毒传播的一个重要途径，一旦有主机受到病毒感染，病毒程序就可能在极短的时间内迅速扩散，传播到网络上的所有主机中，造成信息泄露、文件丢失、机器不能正常运行等
3	系统漏洞	系统漏洞是指在设计某个程序（包括操作系统）时未考虑周全，当程序遇到一个看似合理，但实际无法处理的问题时，便会引发不可预见的错误

续表

序号	安全隐患	具体内容
4	资源共享	通常来说，网络应用主要是为了共享网络资源，比如信息共享、设备共享等。如果缺少必要的访问控制，则会泄漏存储设备中重要的信息
5	电子邮件	电子邮件为网络用户提供电子邮件应用服务。内部网络用户可以通过拨号或其他方式发送和接收电子邮件，这就会被“黑客”跟踪或收到特洛伊木马、病毒程序等，再加上用户网络安全意识比较薄弱，则会给入侵者提供机会

针对上述网络安全隐患，企业可以采取适当的网络安全管理策略，具体如下。

1. 普及安全管理规范

面对多种网络安全隐患，我们除了在网络设计上增加安全服务功能、完善系统的安全保密措施外，还需要加强工作人员的网络安全意识，这是因为，很多不安全的因素往往是由人员对网络的使用不当造成的。

2. 网络综合管理

网络管理员在管理机器时，可以对整个内部网络上的设备、防病毒软件和入侵检测器进行综合管理，同时还可以利用安全分析软件从不同角度对所有的设备、服务器、工作站进行安全扫描，分析它们存在的安全漏洞，并采取相应的措施。

3. 安全管理策略

安全管理策略主要包括：监视网络危险情况，有效隔离危险，并把危险控制在最小范围内；进行身份认证、权限设置，确保信息资源安全；采用口令管理，对无操作权限的人员进行有效控制；进行密钥管理，对有些重要的服务器设备，应设置密钥生命期并进行有效备份，确保密钥的安全性；对重要数据进行冗余备份，避免造成数据丢失。

上述关于网络安全管理的做法仅供大家参考，行政人员在工作中可以积极学习有关网络安全方面的知识，从而让自己成为这方面的“专家”。

企业消防安全管理

企业消防安全管理关系着企业和员工的生命财产安全，是企业安全管理中一项非常重要的工作。一般来说，企业开展消防工作是为了预防火灾的发生，并给员工提供安全的工作环境，为企业发展提供基本的安全保障。

消防安全的管理要点包括：保持消防通道畅通；禁止在消防栓或配电柜前放置物品；在指定的位置放置灭火器，并使其处于可用的状态；易燃品的持有量应控制在合理范围之内；所有消防设施、设备应处于正常状态；应指定专人负责空调、电梯等大型设施、设备的开关及使用或制定相关规定；应指定专人负责电源、线路的使用或制定相关规定；动火作业要采取足够的消防措施，作业完成后要确保没有火种遗留。

在具体操作时，企业一般应配备的基本消防设施包括：室内和室外消火栓、灭火器（手提式、推车式和悬挂式）、防毒面具、应急电筒、安全出口指示灯、烟感及温感报警器、应急照明灯、火警手动报警器、事故广播设施、禁止标志、消防服、隔热服、消防宣传栏等。

在整改消防隐患方面，行政部若发现各种设备、设施存在异常，或者其他违反消防安全规定的问题，就要立即查明原因，并及时下发消防检查整改通知，并采取措施进行处理。

另外，为了强化员工的消防安全意识，提高员工的火灾防控能力和面对突发事件的应急救援能力，行政部还可以定期组织应急疏散演练及消防安全知识培训工作。消防安全培训与演练的内容如下。

首先，我们要了解火灾的性质与发展阶段。我们先要弄清是电路引起的火灾还是由其他物质引起的火灾，若为前者，则一定要先切断电源，然后再展开扑救。通常情况下，室内火灾具有3个特点，即突发性、多变性和瞬时性。火灾的发展有4个阶段，即初起、发展、猛烈与熄灭。

其次，灭火的方法一般包括冷却法、窒息法、隔离法、抑制法等。

再次，要了解各种灭火器的使用方法，如干粉灭火器、泡沫灭火器、二氧化碳灭火器等，行政部要组织全体员工掌握相应灭火器的操作方法。

最后，在进行消防安全演习时，要注意以下几个方面：一是“三级教育”，即厂级教育、车间级教育和班组级教育；二是“四懂”，即懂岗位火灾危险性、懂岗位预防火灾措施、懂岗位灭火方法、懂火灾报警方法；三是“三会”，即会进行消防报警（如拨打“119”报警、按钮报警、烟感报警等）、会扑灭初起火灾及会使用灭火器、会逃生和组织他人逃生；四是“四利用”，即利用建筑物本身的疏散设施、利用缓降器、利用自救绳、利用避难空间；五是“五不要”，即发生火灾时，不要乘坐电梯、不要躲避在角落或死胡同中、不要因穿戴衣服或寻找贵重物品而浪费时间、不要私自重返火场救人或拿取财物、不要轻易跳楼。

另外，行政部还要做好消防档案，比如消火栓的完好情况、消防水池的储水情况、灭火器的放置位置是否合理以及建筑结构图、重点消防补位、火险隐患等，从而为预防和应对消防安全做充分的准备工作。

企业值班安全管理

一般来说，行政部是主管企业值班工作的部门，行政经理应要求各部门安排好值班人员的工作。值班过程中的工作职责划分通常是这样的：值班经理对值班期间生产经营活动的安全稳定负有责任；各部门值班人员对值班期间的分管工作有管理责任；各岗位人员对值班期间的本职工作负有直接责任。

值班安全管理的注意事项，主要包括以下几点：值班人员遇事可以先处理，事后报告，但如果遇到其职权之外的事情，则应立即通报并请示主管。值班人员遇到重大、紧急事件时，应及时向上级业务指挥部门和公司领导汇报与请示，以便及时处理并在第一时间通知相关负责人。值班人员应将值班时所处理的事情记录在“值班日志表”上，并于交班后送主管领导检查。值班人员在值班过程中收到信件时，对属于职权范围内的事情，可以立即处理；对属于职权外的事情，可以视其性质立即联系有关部门负责人予以处理；对密件或限时信件，应立即原封保管，在上班时呈送有关领导。

值班人员在值班中还要遵守有关纪律，具体包括：值班人员要坚守工作岗位，不得擅离职守，并且做到在电话铃响3声之内接听电话；值班人员要自觉保持值班室的环境卫生；值班人员不得使用值班室电话拨打或接听私人电话；值班人员应做到按时交接班，不得迟到、早退，并在交班前写好值班记录，以便分清责任。

值班人员在进行夜间值班时，通常还要做好这些工作：检查门窗是否关闭、电脑是否关闭、饮水机电源是否关闭、空调电源是否关闭、照明灯是否关闭、水龙头是否关闭以及工作设备是否正常等。

另外，企业在节假日期间，应该怎么进行值班管理呢？总的来说，行政部在放假前组织一次联合检查，并将结果予以通报，同时上报总经办；休息日的值班工作由各部门根据实际情况自行安排；节假日期间，值班人员的考勤由当日值班干部负责统计；值班人员因特殊情况在节前需换班的，应报行政部批准；值班期间，值班人员要强化责任意识，不喝酒，通信设备必须时刻保持畅通。

值班人员在值班期间，还要做好登记管理工作，具体见表8-4。

表8-4 值班人员出入登记表

编号：　　　　　　　　　　　　　　　　　　日期：____年__月__日

姓名		同行人数		单位	
联系电话		车别	□轿车 □货车 □客车		
进入车辆	□载本公司货品 □载其他公司货品 □空车				
进出事由	□交货 □提货 □参观 □私事拜访 □其他				
自备工具、物品	□没有 □有（请另填人员自备工具、物品清单）				
接洽人姓名： 部门： 签章：	进入时间：　时　分 离开时间：　时　分		值班人 签章		

制表人：　　　　　　　　审核人：

值班人员通常可以领到值班津贴，具体数额往往根据所在企业的相应规定来定。在值班期间，值班人员如果对紧急事件处理得当，则还可以获得嘉奖；值班人员若擅离职守，则企业应给予值班人员相应处分，造成损失的，需依法予以处罚。

总的来说，值班是企业安全管理中经常面临的一个问题，行政部要做好相应的值班安排，确保企业的各项常规工作有序开展。

突发事件处理

突发事件一般属于企业的偶然事件，发生的概率比较低，但是却有很强的破坏性，会给企业带来严重的损害。为此，行政部要协助总经理处理好所有突发事件，并做好预防工作。企业的突发事件的种类见表8-5。

表8-5 企业突发事件的常见种类

序号	种类	含义
1	事故灾难	主要包括企业的各类生产安全事故、交通事故、火灾事故和设备事故等
2	自然灾害	主要包括地震灾害、雷击灾害等
3	公共卫生事件	主要包括食品安全事件以及其他严重影响员工健康和生命安全的事件等
4	社会安全事件	主要包括各类涉外突发事件和群体性事件等
5	质量安全事件	主要包括企业质量事故或给企业声誉带来严重损害的事件等

为了有效应对突发事件，企业一般会建立关于突发事件的管理机构。通常情况下，企业总经理是突发事件应急管理工作的最高指挥官，负责企业重大、较重大和特别重大突发事件的应急管理工作；行政部是企业应急工作的常设管理机构，负责企业各项安全制度、突发事件应急预案的制订与落实等工作。

企业在应对突发事件时，通常按照下述流程进行处理。

1．信息报送

在发生突发事件后，现场人员应立即上报行政经理，若无法与行政经理取得联系，则必须在要求的反馈时间内上报企业其他负责人；否则，各单位或部门负责人需承担一切责任。

2. 先期处置

在知晓发生的突发事件后，行政部要立即派专人赶赴现场，组织并指挥有关人员进行先期处置。

3. 应急响应

行政部应根据突发事件的级别，启动相应预案，做出应急响应。对于经先期处置未能有效控制的突发事件，行政部须及时启动相关应急预案，进行最大限度的补救，同时视情况向政府主管部门报告。

4. 善后工作

及时救助受伤人员，对紧急调集、征用的人力和物力按规定给予补偿。

5. 调查与评估

突发事件处置结束后，行政部应组织员工对事件的起因、性质、影响、责任、经验教训进行调查与评估，并制定相关预防措施。

6. 信息发布

企业应派专人及时、准确、客观、全面地发布突发事件的信息。在请示企业总经理后，可适当向社会发布简要信息，并主动关注社会媒体的反应，采取相关应对办法。

另外，企业还要针对突发事件做好危机公关。对此，著名的危机管理专家诺曼·R.奥古斯丁说："每一次危机本身既包含导致失败的根源，又孕育着成功的种子，发现、培育，以便把握好这个潜在的成功机会，是企业突发事件管理的精髓。"因此，行政部要做好危机公关工作，从而为企业消除不利影响，并使企业"化危为机"，从中谋求新的发展契机。

最后，企业的突发事件非小事，行政部作为应对突发事件的执行部门，需要不断增强自身应对突发事件的能力。

企业的保密项目一般包括重大决策、公司内部重大改革及人员变动的方案、公司商业机密（技术信息和经营信息）等。为了便于管理，行政部可以协助总经理将企业保密项目按重要性分为三个等级，即一级、二级和三级。其中，一级是最重要的公司秘密，若遭泄露，则会使公司的安全和利益受到特别严重的损害；二级是重要的公司秘密，若遭泄露，则会使公司的安全和利益遭受严重的损害；三级是一般的公司秘密，若遭泄露，则会使公司的安全和利益遭受损害。

我们在此以企业的管理类保密项目为例，了解企业保密项目的具体构成，见表8-6。

表8-6 企业管理类保密项目

类别	涉密项目	建议保密等级	备注
公司核心资料	公司战略、方针及重大决策	一级	
	公司年度、月度的计划与总结	二级	
	公司办公会议纪要	二级	
	信息中心服务器存储资料	一级	
	公司重大诉讼、仲裁事项	一级	
	公司上市准备资料	一级	
	股东大会、董事会、监事会的文件、决议	一级	
	公司对外重大投资项目资料	一级	
	公司薪资体系文件	一级	

续表

类别	涉密项目	建议保密等级	备注
公司重要资料	年度、半年度绩效考核资料	二级	
	员工档案	二级	
	资金筹措前的准备情况	一级	
	资金筹措结果	一级	
	产品销售价格	一级或二级	
	产品成本相关资料	一级或二级	
	原材料价格	一级或二级	
	材料采购价格、产地、型号	二级	
	债务情况	一级	
	图纸中材料消耗工艺定额	二级	
	图纸中产品结构件组成明细	三级	
	工程项目招标内容、资料	一级或二级	
	工程决算	二级	
	月度、年度审计资料及报告	二级	
公司重要发文	公司对内重要发文	二级	
	公司对外重要发文	一级或二级	
重要信息	总经理的个人日常信息	二级	
公司重要制度	公司人事制度	三级	
公司各类报表	每月工资表	一级	
	未定财务报表（预测表）	一级	
	未审财务报表	一级	
	已审财务报表	二级	
	财务、账册、凭证	二级	
	各产品销售价格明细	二级	
	职工工资等级及金额	一级	

不同等级的保密事项，一般以“谁形成谁负责”为原则，由行政部具体开展相应的管理工作。不同等级的保密事项所进行的日常管理如下。

（1）一级保密事项。一级保密事项的发放、传阅均须总经理批准，并应在一定时间内返还；一级保密事项一旦对外披露，便视为降低保密管理等级或解密。

一级保密事项允许知悉的范围是：公司核心领导层、一级保密事项形成部门的主管及公司领导认为需要让其知悉的对象。

（2）二级保密事项。二级保密事项的发放、传阅须经该保密事项形成部门的经理级主管人员（第一负责人）批准，必要时须报请总经理同意，并及时返还。

二级保密事项管理等级的变更或解密由公司行政部门共同商定。二级保密事项允许知悉的范围是：公司各部门经理级主管（第一负责人）以上的干部、二级保密事项形成部门的相关人员及公司领导和保密事项形成部门主管认为需要让其知悉的对象。

（3）三级保密事项。三级保密事项的发放要进行编号、签收，传阅要有传阅签名记录，并返还保管。三级保密事项管理等级的变更或解密由公司行政部门共同商定。

三级保密事项允许知悉的范围是：公司各部门主管级以上的管理人员、三级保密事项形成部门的相关人员及该部门主管认为需要让其知悉的对象。

总的来说，企业保密工作属于企业的一项重要管理工作，行政部要积极发挥应有的重要作用。

范本：员工保密协议

公司员工保密协议

甲方：（公司名称）

乙方：

甲、乙双方根据《中华人民共和国反不正当竞争法》以及国家与地方各级政府有关规定，在遵循平等自愿、协商一致、诚实信用的原则下，就甲方商业秘密保密事项达成如下协议。

一、保密内容

（1）甲方的交易秘密，包括商品产、供、销渠道，客户名单，买卖意向，成交或商谈的价格，商品性能、质量、数量、交货日期。

（2）甲方的经营秘密，包括经营方针、投资决策意向、产品服务定价、市场分析、广告策略。

（3）甲方的管理秘密，包括财务资料、人事资料、工资薪酬资料、物流资料。

（4）甲方的技术秘密，包括产品设计、产品图纸、生产模具、作业蓝图、工程设计图、生产制造工艺、制造技术、计算机程序、技术数据、专利技术、科研成果。

二、双方的权利和义务

（1）甲方提供正常的工作环境和经济支持，为乙方开发市场和客户提供良好的条件。乙方在工作中所掌握的市场信息、客户资料、买卖意向属于商业秘密，其所有权为甲方所拥有。

（2）乙方必须按甲方的要求从事经营、生产项目和市场开发，并将生产、经营、设计与开发的成果、资料交给甲方，甲方拥有所有权和处置权。

（3）未经甲方书面同意，乙方不得利用甲方的商业秘密进行新产品的设计与开发和撰写论文向第三者公布。

（4）双方解除或终止劳动合同后，乙方不得向第三方公开甲方所拥有的未被公众知悉的商业秘密。

（5）如果双方协定竞业限止期，则在解除或终止劳动合同后，在竞业限止期内乙方不得到生产同类或经营同类业务且有竞争关系的其他用人单位任职，也不得自己生产与甲方有竞争关系的同类产品或经营同类业务。

（6）乙方必须严格遵守甲方的保密制度，防止泄露甲方的商业秘密。

三、保密期限

（1）劳动合同期内。

（2）甲方的专利技术未被公众知悉期内。

四、脱密期限

（1）当所履行劳动合同约定的条件发生变化，乙方要求解除劳动合同时，乙方必须以书面形式提前1个月通知甲方，提前期即为脱密期限，由甲方采取脱密措施，安排乙方脱离涉密岗位；乙方应完整办妥涉密资料的交接工作。

（2）劳动合同终止且双方无意续签的，提出方必须以书面形式提前1个月通知对方，提前期即为脱密期限，由甲方采取脱密措施，安排乙方脱离涉密岗位；乙方应该接受甲方的工作安排并完整办妥涉密资料的交接工作。

（3）劳动合同解除或期满终止后，乙方必须信守本协议，不损害甲方利益。

五、违约责任

（1）在劳动合同期内，乙方违反此协议，虽未造成甲方经济损失，但给甲方正常生产、经营活动带来麻烦的，甲方有权调离乙方涉密岗位，并予以行政处分。

（2）在劳动合同期内，乙方违反此协议，造成甲方经济损失的，甲方可予以乙方行政处罚；情节严重者，甲方可解除乙方的劳动合同。

（3）在劳动合同期内，乙方违反此协议，造成甲方重大经济损失的，甲方予以乙方除名的行政处罚，并追加经济损失赔偿；构成犯罪的，甲方可向人民法院提出上诉，依法追究乙方刑事责任。

（4）甲、方双方因履行本协议发生争议和违约责任的执行超过法律、法规、赋予双方权限的，可向甲方所在地劳动仲裁机构申请仲裁或向人民法院提出上诉。

六、其他

本协议一式两份，甲、乙双方各执一份，从甲、乙双方签字盖章之日起生效。

甲方（盖章）　　　　　　　　　　　　　　乙方（盖章）

法定代表人签名　　　　　　　　　　　　　签名

年　月　日　　　　　　　　　　　　　　　年　月　日

模板一：劳动安全管理制度

劳动安全管理制度

一、总则

（1）为加强公司生产劳动的安全管理、改善员工劳动条件，保证员工在生产过程中的人身安全，促进公司的进一步发展，特制定本制度。

（2）适用范围。

本制度适用于公司所有部门。

（3）组织机构与职责。

公司总经理是本公司安全生产的第一责任人，为保证劳动安全管理工作的顺利开展，公司特设立安全管理办公室、安全小组、安全检查小组等，各机构组成及具体职责见下表。

公司安全管理实施机构及其职责说明表

机构名称	主管	成员	工作职责简述
安全管理办公室	行政部经理	各部门主管	制定、修订劳动安全管理制度，并对制度的执行情况予以监督和检查等
安全小组	生产部经理	各部门的安全员	制定安全生产实施细则和操作规程，对本部门的员工进行安全生产教育等
安全检查小组	行政部经理	行政专员及各部门主管	每日进行安全生产检查，及时发现安全隐患，及时上报解决等

二、公司各类人员的劳动安全要求

（1）各级工程师和技术人员在审核、批准技术计划、方案、图纸及其他各种技术文件时，必须保证安全技术和劳动卫生技术运用的准确性。

（2）各生产部门的安全生产管理员要协助本部门主管贯彻执行劳动保护

法规和安全生产管理制度，处理本部门安全生产日常事务和安全生产检查监督工作。

（3）员工在生产、工作中要认真学习和执行安全技术操作规程，遵守各项规章制度。

（4）新员工、临时工、实习人员必须在进行安全生产的三级（即生产部门、车间或班组、生产岗位）教育后才能进入操作岗位。改变工种的工人，必须在重新进行安全培训后才能上岗。

三、员工劳动安全与防范

（1）根据工作性质和劳动条例，为员工配备或发放个人防护用品，各部门必须教育员工正确使用防护用品，不懂得防护用品用途和性能的，不准上岗操作。

（2）禁止年龄不满18周岁的员工从事有毒、有害的生产劳动。禁止安排女职工在怀孕期、哺乳期从事影响胎儿、婴儿健康的有毒、有害作业。

（3）安全生产整改所需费用，应经安全办审批后，在劳保技措经费项目列支。

四、安全检查管理规定

（1）检查频次要求。

坚持定期或不定期的安全生产检查制度。公司安全办公室组织全公司进行每年不少于两次的安全检查；各生产部门每季度安全检查不少于一次；各车间和生产班组应实行班前及班后检查制度；特殊工种和设备的操作者应每天进行检查。

（2）安全检查办法。

① 常规性检查：班组月查、周查、日查，安全办抽查及定期检查等。

② 专业性检查：包括防火、防爆、制度规章、防护装置、电器保护等专业检查。

③ 其他检查：节假日前的例行检查及安全月、安全日的群众性大检查。

五、意外事故处理规定

发生事故的部门必须按照下面的事故处理程序进行处理。

（1）事故现场人员应立即抢救伤员、保护现场，如因抢救伤员和防止事故扩大需要移动现场物件，则必须做出标志、详细记录、拍照和绘制事故现场图。

（2）立即向主管部门（领导）报告，事故部门立即向公司安全部门报告。

（3）开展事故调查，分析事故原因。公司安全办接到事故报告后，应迅速指示有关单位进行调查。轻伤或一般事故在15天内，重伤以上或大事故在30天内向有关部门报送《事故调查报告书》，事故调查处理应接受工会组织的监督。

（4）安全办制定整改防范措施。

（5）对事故责任人做出适当的处理，同时以事故通报和事故分析会等形式教育职工。

六、附则

本制度自______年____月____日起实施。

模板二：企业网络安全管理制度

企业网络安全管理制度

为加强公司网络系统的安全管理，防止因偶发事件、网络病毒等造成系统故障，妨碍正常的工作秩序，特制定本管理制度。

第一，网络系统的安全运行，是公司网络安全的一个重要内容，故公司特安排专人负责网络系统的安全运行工作。

第二，网络系统的安全运行包括四个方面：一是网络系统数据资源的安全保护，二是网络硬件设备及机房的安全运行，三是网络病毒的防治管理，四是上网信息的安全。

（一）数据资源的安全保护

网络系统中存储的各种数据信息，是生产和管理所必需的重要数据，数据资源的破坏将严重影响生产与管理工作。数据资源安全保护的主要手段是数据备份，规定如下。

① 办公室要做到数据每周备份。

② 财务部要做到数据每日备份。

③ 其他部门要做到数据每周备份。

④ 系统软件和各种应用软件要采用光盘及时备份。

⑤ 数据备份时必须登记以备检查，数据备份必须正确、可靠。

⑥ 严格进行网络用户权限及用户名口令管理。

（二）硬件设备及机房的安全运行

① 硬件设备的供电电源必须保证电压及频率质量，一般应同时配有不间断供电电源，避免因市电不稳定造成硬件设备损坏。

② 安装有保护接地线的，必须保证接地电阻符合技术要求，避免因接地安装不良损坏设备。

③ 设备的检修或维护、操作必须严格按要求办理，杜绝因人为因素破坏硬件设备。

④ 网络机房必须有防盗及防火措施。

⑤ 保证网络运行环境的清洁，避免因积灰尘影响设备正常运行。

（三）网络病毒的防治管理

① 各服务器必须安装防病毒软件，上网电脑必须保证每台电脑已安装防病毒软件。

② 定期对网络系统进行病毒检查及清理。

③ 所有U盘（USB闪存盘）必须经检查确认无病毒后，方可以使用。

④ 严格控制外来U盘的使用，各部门使用外来U盘时须经检验认可，私自使用而造成病毒侵害的，要追究当事人责任。

⑤ 加强上网人员的职业道德教育，严禁在工作期间在互联网上从事与工作无关的事情，一经发现将严肃处理。

（四）上网信息的安全

① 网络管理员必须定期对上网信息进行检查，发现有关泄漏企业机密及不健康的信息要及时删除，并记录，随时上报主管领导。

② 要严格执行国家相关法律、法规，防止发生窃密、泄密事件。未经单位主管领导批准或同意，任何人不得私自让外来人员使用本公司的网络系统。

③ 在网络安全方面，要加强对各位员工的管理、检查、监督，一旦发现问题应及时上报公司负责人。公司计算机安全负责人分析并指导有关部门做好善后处理，对造成事故的责任人要依据情节给予必要的经济及行政处理。

第三，本公司的所有网络设备（包括路由器、交换机、集线器、光纤、网线等）均归网络维护中心管辖，其安装、维护等操作由网络维护中心的工作人员进行，其他任何人不得破坏或擅自维修。

模板三：消防安全责任制度

消防安全责任制度

一、总则

第一条　为了加强公司的消防安全工作，保证公司财产安全和员工人身安全，特制定本制度。

第二条　职责范围。

（1）行政部责成专人负责消防管理的各项工作。

（2）公司所有员工均应配合行政部的消防安全管理工作。

二、消防设施和器材管理

第三条　行政部消防管理人员应对公司内配置的各类消防设施和设备进行检查，保证它们符合消防要求和安全规定。另外，消防器材的配置种类、数量及配置地点，应当由专人负责管理，配置地点应当有明显标志。

第四条　消防管理人员应将各种消防设备的性能、使用方法等编制成图册，并熟练掌握。

第五条　消防设施器材不得随意挪作他用，禁止擅自更改、移动、拆除消防设备。如因装修需要改动，则一定要经相应管理部门同意后，由管埋部门指定专业工程队施工，其他人员不得擅自施工。

第六条　定期检测、保养消防设施和器材，发现损坏时应当及时维修或更换，以确保各类消防设施和器材随时处于完好状态。消防设施的维修需要专门的技术，特别是对一些关键设备，应聘请具有合格消防资质的专业公司或技术服务部门负责此项工作。

三、安全疏散设施管理

第七条　各部门必须按规定配备应急照明设施和疏散指示标志，按规定配备防火门和其他应急疏散设施。

第八条　疏散通道和安全出口必须畅通，不得堵塞。

第九条　应急照明灯和疏散指示标志必须按规定进行定期检修，保证其随时完整、好用。

四、消防安全检查管理规定

第十条　消防安全检查内容：消防制度的落实情况、消防设施与设备的完好情况、火灾隐患的防范情况等。

第十一条　消防安全检查工作要求。

（1）本公司实行逐级防火责任制，公司领导、部门领导、班组领导、职工都要定期进行检查。

（2）检查之前应预先编制相应的防火检查表，规定检查内容要点、检查依据和检查合格标准。检查结果应当有记录，对查出的火灾隐患应当及时整改。

第十二条　消防安全隐患整改。根据消防安全检查结果，行政部消防管理人员认真研究企业内存在的火灾隐患，制定一整套切实可行的整改方案。

（1）边查边改。对于不需要花费较多时间、人力、物力和较容易解决的隐患，要立即解决。

（2）限期整改。对于整改过程较复杂，需要花费较多时间、人力、物力才能解决的隐患，要采取限期整改的方法，即行政部将隐患登记，定项、定责任人、定措施、定时间，限期整改。

五、消防安全日常管理规定

第十三条　禁止在防火的场所擅自动用明火。需要使用明火器具的，应事先提出申请，说明安全措施，经行政部经理批准后方可使用。在使用明火进行作业时，作业人员应当持证上岗。

第十四条　禁止在办公区和宿舍区使用自制或外购的电炉取暖或做饭。

第十五条　公司划定禁烟区，员工不得在禁烟区吸烟。

六、奖励和惩罚

第十六条　公司定期或不定期对各部门安全、消防管理工作进行考核，以决定奖励或处罚。

第十七条　因扑救火灾、消防训练、制止安全事故、见义勇为而受伤、致残、死亡的公司员工的医疗、抚恤费用按照国家有关规定办理。

第十八条　对各种安全事故的责任人和违反本办法的员工，将从严处罚，根据情节不同分别给予处罚、降级乃至辞退，严重者送交司法部门追究法律责任。

企业作为一个经济组织，在经营中难免会遇到一些官司。这些官司有的是在企业与个人之间展开，有的是在企业与企业之间展开，使得企业主动或被动地面临一些法律事务，比如，企业与员工之间的劳资纠纷、企业之间的权利纠纷等。举例来说，我国华为公司曾先后起诉韩国三星、美国无线运营商T-Mobile等侵犯其知识产权专利，在这些官司中，企业不可避免地要依靠法律捍卫自己的正当权利。

一般来说，市场经济越完善，人们的法律观念就会越强化。对企业来说，唯有知法、守法、懂法、用法，才能让自己在市场经营与竞争中更加游刃有余。实际上，随着企业规模与经营范围的扩大，其触角会不断地探入一些陌生的领域，如果企业对相关法律欠缺了解，则一旦遭遇突发情况，将会很被动，严重时，会干扰企业的正常经营，甚至会使这些法律纠纷成为企业前进道路上的“滑铁卢”。

另外，企业对法律事务的管理水平，在某种程度上可以反映出企业的现代化管理水平，不难想象，一个毫无法律意识的企业势必会在发展中碰得头破血流。

企业法务管理的目标

一般情况下，行政部下设法律事务组，由其通过为企业决策提供法律意见、进行合同管理、处理涉法事务、为企业代理诉讼案件等活动，促使企业的经营行为更规范、合法，这也是企业进行法务管理的目标。

在实际工作中，企业的涉法事务看似千头万绪，但是总的来说，主要可以划分为6种事项，具体介绍如下。

1. 法律体系建设

这主要表现为制定企业法律事务工作管理制度，以规范企业的法律事务处理、法律服务工作；同时，从企业主营业务和所涉及的重要经济领域出发，研究影响企业发展的各项法律、法规，建立风险防范体系。

2. 定期进行法律事务调研

企业开展法律事务调研的目的主要有两个：其一是了解业务部门具体在哪些方面存在疑问及风险；其二是获悉具体业务操作流程，以提出建议，从而完善和规避相关的法律风险。

3. 各类合同管理

这主要表现为审查企业经营过程中发生的各类合同和协议的合法性、有效性，维护企业利益，并对各类合同和协议进行备案并建档保存，包括从合同的谈判、签订、履行、审批、管理、纠纷解决等多方面加强管理，充分提高工作效能，确保公司对合同目的的实现具备合理预期，使公司在缔约、履约以及纠纷的解决过程中保持法律优势，从而最大限度地降低合同风险。

4. 涉外事务管理

有些企业在经营中存在涉外业务，这往往会使企业面临涉外事务的管理。在具体工作中，涉外事务管理主要表现为负责处理或参与处理企业在经营中涉及法律事务的各项事务，为各部门提供法律咨询；代表公司参与调解、仲裁和诉讼活动，建立法律诉讼案件数据库，跟踪案件的进展情况。

5. 提供决策支持

这主要表现为参与企业重大经营项目的谈判，给出法律意见，出具法律意见书；跟踪与研究影响企业发展的相关法律、法规，及时向管理层提供决策支持。

6. 建立风险控制体系

一般来说，法律风险管理涉及公司经营的多个方面，具体来说，公司需要做到：关注业务所涉及区域的政策动向和司法环境；广泛研究公司法律风险管理的相关案例，包括有效识别、评估、防范法律风险管理而取得重大效益的案例以及忽视法律风险管理、缺乏管理程序系统而致使公司遭受重大损失的案例；加强知识产权风险管理，关注公司和竞争对手的知识产权情况，掌握知识产权法律、法规及相关政策，并对侵犯本公司知识产权的行为建立侵权调查及法律追究程序机制；综合考查与法律风险管理相关的人员，以便做到规范管理和有效授权，加强对员工法律意识及知识的培训与考核，将法律风险管控能力纳入管理层的绩效考核范畴。

法律风险管理的基本流程是：收集风险管理初始信息—对相关信息进行风险评估—根据评估结果制定风险管理策略—提出和实施风险管理解决方案—风险管理的监督与改进。

总的来说，行政部做好法务管理，有利于协助公司管理层依法决策，引导公司健康发展，理顺公司内部的各项规章制度，评判和控制公司生产经营中可能遇到的一系列法律风险，从而为公司正常的生产经营和茁壮成长保驾护航。

搭建法律风险防范体系

通常情况下，企业的法律风险往往是由其不规范行为引起的，主要表现在涉及设立、合同、并购、知识产权、人力资源、税收等方面。有效防范企业法律风险，是企业参与市场竞争、自身发展壮大、构建和谐社会的需要和保障，因此必须强化法律风险意识、建立和完善规章制度、保证法务人员履行职责、加强内部监督与考核、重视和加强企业间的交流与合作。

为此，企业基于防范法律风险和构筑企业经营管理体系的目的，往往会建立法律风险防范体系，并以规范化、个性化、合同化为指导思想，以制度、流程、表单、文本为体例形式，重视律师作为法律和企业管理专家的作用。

在现实工作中，企业主要是针对下述6种法律风险进行防范。

1．企业设立中的法律风险

在设立企业的过程中，企业的发起人是否对拟设立的企业进行了充分的法律设计，是否对企业设立过程有充分的认识和计划，是否完全履行了设立企业的义务以及发起人本人是否具有相应的法律资格，这些都直接关系到拟设立企业能否具有一个合法、规范、良好的设立过程。

2．企业税收法律风险

这是指企业的涉税行为因未能正确、有效地遵守税收法规，而可能导致企业未来利益的损失或不利的法律后果，具体表现为企业涉税行为影响纳税准确性的不确定因素，结果就是企业多交了税或少交了税，或者因为涉税行为而承担了相应的法律责任。

3．合同法律风险

这是指在合同订立、生效、履行、变更和转让、终止及违约责任的确定过程中，合同当事人一方或双方利益损害或损失的可能性。合同作为一种实现合同当事人利益的手段或者工具，具有动态性，双方当事人通过合同确定的权利、义务后，最终需要确定某种财产关系或者与财产关系相关的状态的变化，从而得到一种静态的财产归属或类似的归属关系。在实现最终的静态归属过程中，可能会有各种因素影响最终归属关系，当合同利益的取得或者实现出现障碍时，一种根源于合同利益的损失风险就会展现出来。

4．企业并购法律风险

并购是兼并与收购的总称。从法律风险的角度来看，企业收购并没有改变原企业的资产状态，对收购方而言法律风险并没有变化。因此，企业并购的法律风险主要表现在企业兼并中。企业兼并涉及公司、竞争、税收、知识产权等法律法规，且操作复杂，对社会影响较大，潜在的法律风险较高。

5．人力资源管理法律风险

在我国，与人力资源有关的法律、法规主要是《劳动法》和国务院制定的相关行政法规及部门规章。在企业人力资源管理过程的各个环节中，从招聘开始，到面试、录用、试用、签订劳动合同、解决员工的待遇问题，直至员工离职这一系列流程中，都有相关劳动法律、法规的约束，企业的任何不遵守法律的行为都有可能给企业带来劳动纠纷，在给企业造成损失的同时还会给企业造成不良社会影响。

6．知识产权法律风险

知识产权是蕴涵创造力和智慧结晶的成果，其客体是一种非物质形态的特殊财产，要求相关法律给予特别规定。很多企业没有意识到或没有关注对知识产权的深入保护。从法律风险的解决成本来看，避免他人制造侵权产品比事后索赔更为经济。

总的来说，企业针对各项法律风险搭建相应的防范体系，有助于为企业的正常生产与经营保驾护航。

企业合同管理制度

企业在经营中通常会产生一系列合同，如何有效管理合同，是企业行政管理事务中的一项重要内容。我们在此以某公司的《合同管理制度》为例，了解企业平时是如何开展合同管理的。

合同管理制度

1. 总则

（1）为了实现依法治理企业，促进公司对外经济活动的开展，规范对外经济行为，提高经济效益，防止不必要的经济损失，根据国家有关法律规定，特制定本管理办法。

（2）凡以公司名义对外发生经济活动的，应当签订经济合同。

（3）订立经济合同，必须遵守国家的法律、法规，贯彻平等互利、协商一致、等价有偿的原则。

（4）本办法包括的合同有设计、销售、采购、借款、维修、保险等方面的合同，不包括劳动合同。

（5）除即时清结者外，合同均应采用书面形式，有关修改合同的文书、图表、传真件等均为合同的组成部分。

（6）国家规定采用标准合同文本的必须采用标准文本。

（7）公司由法律顾问根据总经理的授权，全面负责合同管理工作，指导、监督有关部门的合同订立、履行等工作。

2. 合同的订立

（1）公司与外界达成经济往来意向，经协商一致，应订立经济合同。

（2）订立合同前，必须了解、掌握对方的经营资格、资信等情况，无经营资格或资信的单位不得与之订立经济合同。

（3）除公司法定代表人外，其他任何人必须取得法定代表人的书面授权委托方能对外订立书面经济合同。

（4）对外订立经济合同的授权委托分固定期限委托和业务委托两种授权

方式，法定代表人特别指定的重要人员采用固定期限委托的授权方式，其他一般人员均采用业务委托的授权方式。

（5）授权委托事宜由公司法律顾问专门管理，在授权人员办理登记手续，领取、填写授权委托书，经公司法定代表人签字并加盖公章后授权生效。

（6）符合以下情况之一的，应当以书面形式订立经济合同。

单笔业务金额达10 000元的，有保证、抵押或定金等担保的，本公司先予以履行合同的，有封样要求的，符合公司其他规定的。

（7）经济合同必须具备标的（指货物、劳务、工程项目等），数量和质量，价款或者酬金，履行的期限、地点、方式以及违约责任等主要条款才可加盖公章或合同章。经济合同可订立定金、抵押等担保条款。

3. 合同的履行

（1）合同依法订立后，即具有法律效力，应当实际、全面地履行。

（2）业务部门和财务部门应根据合同编号各立合同台账，每一合同设一台账，分别按业务进展情况和收付款情况进行“一事一记”。

（3）在履行合同过程中，对方所开具的发票必须在由具体经办人员审核、签字认可并经总经理签字同意后，再转财务部门进行审核、付款。

4. 合同的变更和解除

（1）变更或解除合同必须依照合同的订立流程经业务部门、财务部门、法律顾问等相关职能部门负责人和公司总经理审核通过。

（2）有关部门在收到对方要求变更或解除合同的通知后，必须在3日内向公司总经理汇报并通知法律顾问。

（3）合同变更后，合同编号不予改变。

5. 责任

（1）凡因未按规定处理合同事宜、未及时汇报情况和遗失合同有关资料而给公司造成损失的，追究其经济和行政责任。

（2）因故意或重大过失而给公司造成重大损失的，移送至有关国家机关追究其法律责任。

6. 其他

（1）合同是公司对外经济活动的重要法律依据和凭证，有关人员应保守合同秘密。

（2）业务部门、财务部门应当根据所立合同台账，按照公司的要求，定期或不定期汇总各自工作范围内的合同订立或履行情况，由法律顾问据此统计合同订立和履行的情况，并向总经理汇报。

7. 附则

本制度自下发之日起生效并实施。

如何解决合同纠纷

企业在实际工作中，难免会遇到合同纠纷。那么，在遇到合同纠纷时，企业该怎么办呢？根据我国《合同法》的规定，解决合同纠纷有4种方式：一是用协商的方式自行解决，这通常是最好的方式；二是用调解的方式，由有关部门帮助解决；三是用仲裁的方式由仲裁机关解决；四是用诉讼的方式，即向人民法院提起诉讼以寻求纠纷的解决。我们接下来对这4种解决合同纠纷的方式分别阐述。

1. 协商

这是指合同纠纷的当事人，在自愿互相谅解的基础上，按照国家有关法律、政策和合同的约定，通过摆事实、讲道理，达成和解协议，自行解决合同纠纷的一种方式。一般来说，合同双方在签约后的履行过程中，由于各种因素的影响难免产生纠纷，这时，合同双方应从维护团结、有利于合同履行的角度出发，怀着互相谦让、互相谅解的态度，争取在较短的时间内，通过协商解决纠纷。

相对来说，面对合同纠纷，当事人虽然可以通过仲裁、诉讼等方式解决，但这些方式费时、费力、费钱财，不利于团结，也不利于此后的合作与往来。因此，用协商的方式解决，程序简便，及时迅速，不仅有利于减轻仲裁和审判机关的压力，还能节省仲裁、诉讼的费用，有效地减少经济损失，还有助于增强纠纷当事人之间的友谊，从而扩大双方的往来。

一般来说，合同纠纷双方在采用协商方式时，要遵循两个原则：一是平等自愿原则，二是合法原则。

2. 调解

这是指双方当事人自愿在第三方（即调解的人）的主持下，在查明事实、分清是非的基础上，由第三者对纠纷双方当事人进行说明、劝导，促使他们互相谅解和谦让，达成和解协议，从而解决纠纷的活动。

相比较而言，调解具有以下3个特征：第一，调解是在第三方的主持下进行的，这与双方自行和解有明显的不同；第二，主持调解的第三方在调解中只是劝导双方当事人互相谅解，达成调解协议，而不是做出裁决，这表明调解和仲裁不同，不具有强制性；第三，调解是依据事实、法律和政策，进行合法调解，而不是不分是非、不顾法律与政策的“和稀泥”。

合同纠纷双方的当事人在采用调解方式时，也要遵守平等自愿与合法的原则。

3. **仲裁**

仲裁也称公断，是指由第三方依据双方当事人在合同中订立的仲裁条款或自愿达成的仲裁协议，按照法律规定对合同争议事项进行居中裁断，从而解决合同纠纷的一种方式。根据我国《仲裁法》规定，通过仲裁解决的争议事项，一般仅限于在经济、贸易、海事、运输和劳动中产生的纠纷。如果是因人身关系和与人身关系相联系的财产关系而产生的纠纷，则不能通过仲裁解决；另外，依法应当由行政机关处理的行政争议，也不能通过仲裁解决。

一般来说，仲裁大致有3种类型。一是民间仲裁，这是指按照法律规定，经双方当事人约定，在发生经济纠纷地，由双方选择约定的仲裁人数进行仲裁。这时仲裁人的仲裁决定，对当事人来说，同法院的判决有同等的效力。如果一方当事人不予遵守，向法院提起诉讼，则对方可以请求法院驳回原告的诉讼。如果一方当事人不履行仲裁决定，则对方当事人有权向法院申请强制执行。二是社会团体仲裁，即当事人的双方约定，对于现在或者将来发生的一定经济纠纷，由社会团体所设立的仲裁机构进行仲裁。这种仲裁裁决，同样具有法律效力。三是国家行政机关仲裁，即对国家经济组织之间的经济纠纷，由国家行政机关设置一定的仲裁机构进行仲裁，而不由司法机关进行审判。

通常情况下，仲裁的原则主要有以下3点。

① 当事人自愿原则。我国《仲裁法》第四条规定：“当事人采用仲裁方式解决纠纷，应当双方自愿，达成仲裁协议。没有仲裁协议，一方申请仲裁的，仲裁委员会不予受理。”

② 独立性原则。我国《仲裁法》第八条规定：“仲裁依法独立进行，不受行政机关、社会团体和个人的干涉。”

③ 一裁终局的原则。我国《仲裁法》第九条规定："仲裁实行一裁终局的制度。裁决做出后，当事人就同一纠纷再申请仲裁或者向人民法院起诉的，仲裁委员会或者人民法院不予受理。裁决被人民法院依法裁定撤销或者不予执行的，当事人就该纠纷可以根据双方重新达成的仲裁协议申请仲裁，也可以向人民法院起诉。"

4. 诉讼

所谓合同纠纷诉讼是指人民法院根据合同当事人的请求，在所有诉讼参与人的参加下，审理和解决合同争议的活动以及由此而产生的一系列法律关系的总和。合同纠纷诉讼是民事诉讼的重要组成部分，也是解决合同纠纷的一种重要方式。

与合同纠纷的其他解决方式不同的是，诉讼的效力最强，一旦国家审判机关依法在诉讼案件中达成裁决，便以国家强制力保证裁判的执行。

总的来说，企业在合同纠纷中，可以根据实际需要选择适当的解决方式，以达到预期的目的。

企业涉外经济纠纷处理

随着经济全球化的不断深入，我国企业越来越多地走出国门，涉外业务日渐增多，举例来说，在华为公司发布的2015年年报中，华为的海外收入就占到总收入的58%。在企业业务“进军”海外的同时，企业面临的经营环境和市场环境也日益复杂，跨国经济纠纷也逐渐增多。在这种情况下，企业涉外法律风险管理也成为企业全面风险管理中的一个重要组成部分。

当发生涉外经济纠纷时，在国际惯例中，解决争议的方式主要有：协商、调解、仲裁以及诉讼。在合作双方发生纠纷时，双方当事人可以按照法律及合同条款的规定，先进行谈判，通常情况下，顺利的谈判能够促成新的协议，从而解决争议。企业在涉外经济纠纷中采用协商的方式，有很多优点，比如节省时间和精力，提高双方自觉遵守的程度。对于无法通过协商解决的纠纷，双方接下来可以找第三方从中调解。

在前面提及，协商和调解都需要双方遵守平等自愿与合法的原则，在涉外经济纠纷中同样应当如此。如果纠纷双方在第三方的调解下仍无法达成调和，就要选择另一种方式，即仲裁。

尽管仲裁和诉讼均为法律行为，但是仲裁有一个明显的优点，那就是在仲裁中，当事人有权选择仲裁机构和指定仲裁员，还可以选择仲裁地点，从而有较大的灵活性，诉讼则不具备这样的特点；仲裁机构往往专门处理某方面的争议，专业性较强，有助于迅速形成判断，从而解决争议；仲裁比诉讼的手续更简便，费用更低廉，而且仲裁不公开审理，有利于保护当事人的商业秘密，维护其商业信誉。基于仲裁的这些优点，目前，仲裁是企业解决涉外经济纠纷的一种重要方式。据统计，我国公司在涉外合同纠纷中有80%以上选择仲裁作为争议解决方式，其余的纠纷主要选择诉讼。

提交仲裁的依据是涉外经济纠纷的双方当事人所签订的仲裁协议，其中，签订好涉外经济贸易中的仲裁协议，对纠纷的完善解决有重要的意义。一般来说，出现争议后，合同双方应将争议以书面形式表达出来，并将这样的争议提交给第三方，由第三方对双方的争议进行分析、判断，然后根据自己的判断做出裁定。

较诉讼而言，仲裁的操作程序不但更简单，而且不缺乏诉讼的专业性，可以对双方当事人起到保密的作用。在很多国家的法律规定中，仲裁通常实行一裁终局制，并且具有很强的执行效力和约束力。当然，若纠纷双方不服从仲裁结果，则可以向法院提起诉讼。同样，纠纷双方在协商和调解不成时，也可以直接选择诉讼。一般来说，纠纷双方选择了诉讼方式后，往往面临较为严格并且冗长、拖沓的烦琐程序。

总的来说，企业在开展涉外经济业务时，一要增强涉外经济的风险意识；二要规范合同，因为合同往往是企业在发生经济纠纷后维护权益的根本依据；三是在纠纷发生后，企业要依法维权，积极促进纠纷的合理解决。

企业知识产权管理

知识产权，又称为“知识所属权”，指权利人对其创作的智力劳动成果所享有的财产权利，一般只在有限时间期内有效。各种智力创造，如发明、文学和艺术作品以及在商业中使用的标志、名称、图像或外观设计，都可以被认为是某一个人或组织所拥有的知识产权。

我们平时所说的企业知识产权，主要包括商标、专利和著作权（即版权），还可以包括技术秘密、集成电路布图设计、植物新品种、地理标志、商业方法及其他智力创造的且可运用于企业经营的智力财富。企业对知识产权的保护有多么重要呢？我们不妨看下面的一个案例。

DVD，全称“Digital Versatile Disc”，可译为“数字多功能光碟”，曾经在我国非常火爆，销量巨大。当时，我国的DVD生产厂商无论是在国内市场，还是在海外市场，都大“捞”了一笔。1999年以来，我国DVD制造行业飞速发展，在全球市场也占有了相当份额，就在我国DVD厂商准备“大显身手”，继续扩大在全球市场的占有份额时，却被国外几家大的DVD技术开发商（即专利技术持有人）告上法庭。

原来，当时国外6家大的DVD技术开发商结成了专利保护联盟（简称“6C联盟”）。这6家DVD技术开发商分别是日立（Hitachi）、松下（Panasonic）、东芝（Toshiba）、JVC（Victor Company of Japan）、三菱电机（Mitsubishi Electric）和时代华纳（Time Warner）。6C联盟享有专业广播电视系统产品、视听产品、家用电器、数码产品、便携视听产品、系统产品等方面的各项专利。

6C联盟要求我国出口的DVD产品要按产品单价的20%收取专利使用费，对我国很多DVD厂商来说，若将专利成本计入出口海外市场的产品供货价格中，则国产的DVD将在很大程度上失去价格优势。实际上，当时，我国多家DVD企业已经独立研发出了DVD技术，但是没有申请专利，这使得我国很多DVD厂商不仅无法得到我国专利法的保护，还致使国外企业抢先成功地申请了专利，如6C联盟中的企业成员。

2002年1月，代表我国众多DVD厂商的中国电子音响工业协会与6C联盟就DVD专利联合许可的多次谈判破裂。不久，一些欧盟成员国的海关以我国DVD生产企业没有获得知识产权认证为由，对我国出口到欧盟的DVD产品实施扣押。

2002年，中国电子音响工业协会代表国内百余家DVD生产企业，与6C联盟签署协议：中国企业每生产一台DVD机，要向6C联盟缴纳4.5美元的专利费。接着，其他的国外专利权人纷纷向我国DVD生产商征收专利费。据统计，我国DVD厂商在国内每卖掉一台DVD产品，就要向专利权人6C联盟、3C联盟、MPEG LA等交纳13美元的专利费。如果是DVD出口，则要交纳21.3美元。

至此，我国不少DVD生产企业被击垮，辛辛苦苦赚的钱却交给了国外技术开发商，由此可见，不重视对技术等知识产权的保护，后果是惨痛的。同时也说明，我国制造业虽然在全球崛起，成为“制造业大国”，但若要向“制造业强国”迈进，就离不开对知识产权系统而有效的管理。

鉴于保护知识产权的重要性，企业需要制定知识产权战略，设立独立的部门以便执行知识产权战略，并有专项资金投入，纳入绩效考核。在具体实施方面，针对知识产权的不同种类，采取相应的管理方法，比如，对于商标，要选择设计有创意、有文化内涵的商标，及时将精心设计的商标进行注册登记，约定商标的著作权属，在申请注册商标的同时，到著作权主管部门进行著作权登记，还要充分使用注册商标，必要时申请认定驰名商标，对商标进行统一管理等；对于专利，要挖掘潜在的、可以申请专利的技术，在技术创新后，要及时确定保护的方案，委托专业的专利代理机构申报专利，还要处理好既不申请专利保护，又不采取技术秘密保护的技术创新的公开，在专利授权后应进行必要的专利权维护，打好专利进攻战和防御战，做好技术创新档案的保存管理，适时启动专利侵权诉讼和积极应对专利侵权诉讼等。

对员工违纪行为的处理

在实际工作中，尽管企业内部有各项规章制度，外部还可以援引多项法律、法规，可是仍有不少企业对员工违纪存在处理不当的情况，致使企业与员工之间矛盾激化，造成员工申请仲裁、起诉所在企业等极端情况。那么，企业应该怎么做，才有利于有理、有节、有据地推进问题的处理呢？

1. 对违纪员工要予以告诫

根据企业的规章制度，用人单位可对违约员工进行处理、处分和处罚，直至解除劳动合同。但是许多用人单位在处理违纪职工时，缺少人性化的缓冲，那就是告诫。这是因为，企业设立规章制度的目的，不是处分员工，而是要让员工知道什么可以做、什么不可以做。

为此，企业的职能部门，尤其是行政部，在对员工的违规行为进行告诫之前，应当让员工对行为准则有充分的了解，如果员工不知道何种行为会招致惩罚，那么他们会认为告诫是不公平的，这就容易引发纠纷。

在对违纪员工进行告诫时，要及时，间隔时间不要过长，否则告诫对员工产生的效果会削弱。一般来说，在员工违规之后迅速进行告诫，员工会更倾向于承认自己的错误，而不是替自己狡辩。因此，一旦发现员工违规，行政人员就要及时进行告诫，并注意要查清事实，公平处理，要对事不对人，做到一视同仁。

在对违纪员工进行告诫时，行政人员应当清楚地向员工讲明在什么时间、什么地点、对什么人、实施了什么行为、违反了什么规定。如果管理者自身掌握的事实与员工讲述的事实差异很大，则应当重新进行调查。

告诫是基于权力之下的一种活动。行政人员在对员工进行告诫时，必须平静、客观、严肃地进行，以保证告诫活动的权威性。告诫不宜用开玩笑或者聊天的方式进行。同时，也不宜在告诫时采取发怒、训斥等情绪化行为，这同样是不严肃的，因为告诫是为了让员工改变行为，而不是基于某种情绪的吵架。

2. 系统掌握对违纪员工的处理办法

企业应按照法律规定、合同约定和内部规章制度，对违纪员工予以合法、合规的处理。通常来说，处理方式有以下几种。

（1）行政处分，包括警告、记过、记大过、降级、撤职、留用察看和开除。其中，开除是指用人单位对严重违反劳动纪律、破坏规章制度、造成重大经济损失和有其他违法乱纪行为而屡教不改的职工，依法强行解除劳动关系的最高行政处分。

（2）行政处理，包括除名、违纪辞退（简称“辞退”）。其中，除名是指用人单位专门对无正当理由经常旷工、经批准教育不改且连续旷工15天或1年内累计旷工30天的职工，依法强行解除劳动关系的处理方式。另外，对未经用人单位批准而擅自离职或停薪留职期满后一个月内既不要求回原单位上班，又不办理辞职手续的职工，企业可对其按自动离职处理，予以除名。辞退是指用人单位对严重违反劳动纪律但未达到开除、除名程度的职工，依法强行解除劳动关系的处理措施。

（3）违纪解除劳动合同，这是指在劳动合同有效期内，劳动者严重违反劳动纪律或用人单位规章制度，在合同期满前，由用人单位提出与劳动者提前终止劳动合同关系的行为。

（4）经济处罚，包括罚款（最多不超过当月工资的20%）、经济赔偿（由用人单位酌情确定具体数额，可以由违纪员工交付，也可以从其工资中扣除，但每月扣除数额不能超过当月工资的20%）、违约金（可在合同中约定，数额应依据员工的承受能力确定，地方有规定时遵守地方规定）。

在时限要求方面，行政处分的时限要求为从证实员工犯错误之日起，开除处分不得超过5个月，其他处分不得超过3个月；对行政处理、违纪解除劳动合同和经济处罚等，则无时限要求，但应及时处理。

在对违纪员工进行处理时，企业要掌握充分的事实证据，使用的法律、规章制度要准确，处理文书表述要全面、清楚。

最后，用人单位在对违纪员工进行处理时，要遵循正确而适当的原则，避免矛盾激化，从而有效促进问题的良好解决。

常用法律文书写作技巧

通常情况下，涉及企业经营中专业性很强的法律文书，企业会找相关专业机构和人士撰写；在企业经营中，一些常规意义上的法律文书，往往由企业行政人员撰写。可见，行政人员要具备一定程度的专业法律文书的写作能力。

一篇优秀的法律文书，必定是作者知识、技能和素养等多方面的综合体现。俗话说“不积跬步无以至千里，没有规矩无以成方圆”，行政人员如果能掌握撰写法律文书的流程或操作指南，就可以快速地撰写出需要的法律文书。我国三国时，曹植走七步就可以吟出名词佳句，我们在这里介绍一种“七步成文法”，帮助大家快速地、有效地撰写法律文书。

第一步：明确写作目标

行政人员撰写法律文书时，不要马上就动笔写，或者找资料、套模板等，而是要明确写作目标。具体来说，我们需要明确：当事人是谁？当事人有什么样的权益得失和诉求？是否有研究报告等资料？当事人的决策层、管理层有哪几位？当事人希望获得什么样的结果……总之，行政人员务必在明确目标后再开展撰写工作。

第二步：挑选范本模板

在工作中有一个重要的原则：一开始就把事情做对，永远比做好更重要。为此，行政人员要选择适用的范本和模板，在选择好范本模板后，行政人员可以根据写作目标，对文书进行适当的添加和修改。这种遵循前例的方式，既有利于行政人员在写作方面的高效性，又有利于写作方向的正确性。

第三步：审查基础文件

行政人员在了解写作目标并选好合适的范本模板后，还要审查所需的基础文件，这对行政人员在写作中用词、梳理写作重点、了解整体框架等很有帮助。法律事务复杂多变，要审查的基础文件也会比较多，但是万变不离其宗，基础文件往往是由涉及主体、客体和内容的三部分文件组成。其中，主体是指当事人，要检查其是否有足够的履行能力等；客体是指标的物，如不动产等；内容主要是各方的权利、义务。

第四步：复核前三步

前面三个步骤可以为行政人员的写作奠定坚实的基础。然而，如果行政人员与当事人员沟通不足，就会产生误解。因此，行政人员在正式写作以前，务必符合前三步的工作，确保完全清楚了当事人的目标、写作任务、完成期限、写作步骤、提交方式等。

第五步：从初稿到定稿

前面的工作做好后，行政人员一般要先起草一个初稿，并据此与当事人进行充分沟通，对初稿进行一系列修改和调整，最终达到定稿。

第六步：制作文书附件

有些法律文书需要具备附件，用作补充文书内容、解释文书等用途。例如，一些法律文书中涉及法律规定和引用文件内容的，往往需要有附件。

第七步：完稿后的工作

行政人员在完稿后并非“完事大吉”，还要根据文书的生效要件准备相应的材料，如合同当中通常规定“本合同经甲乙双方签字盖章后生效”。有些法律文书按照法律强制性规定，必须经过政府部门的批准，例如中外合资合作合同、企业承包经营合同等。此外，行政人员还要监督法律文书的打印、装订以及签署和收发等工作。

总的来说，通过上面的“七步成文法”，相信行政人员一定可以出色地完成撰写法律文书的任务！

模板一：起诉状

起诉状

原告：____________

名称：____________ 地址：________ 电话：__________

法定代表人：_______ 姓名：________ 职务：__________

委托代理人：_______ 姓名：________ 性别：___ 年龄：______

民族：____________ 工作单位：_______________ 职务：_______

住址：____________ 电话：______________

____

被告：____________

名称：____________ 地址：________ 电话：__________

法定代表人：_______ 姓名：________ 职务：__________

案由：

____

诉讼请求：

1.

2.

3.

……

事实和理由：____

现向贵院提出起诉，请求法院依法裁决，以维护原告的合法权益。

此致

_____ 人民法院

原告人：______________（盖章）

法定代表人：__________（签章）

______年 ____月____日

附件：

（1）本诉状副本______份。

（2）证据______份。

（3）名单______份。

模板二：授权委托书

授权委托书

致__________：

我司委托本司员工____________，性别：____，身份证号：________，到贵单位办理______________事宜，对受托人在办理上述事项过程中所签署的有关文件，我司均予以认可，并承担相应的法律责任。请贵单位给予协助，谢谢！

委托期限：______年____月____日 至______年 ____月____日

委托人（盖公章）：______________

________年 ____月 ____日

第十章 企业文化建设

华为公司创始人、中国“教父级”企业家任正非先生曾说过，资源是会枯竭的，唯有文化才能生生不息。其中，“企业文化”更是企业经营中以高频率出现的词汇，人们对企业文化的重要性也不吝赞词，比如将企业文化比作“企业的灵魂”，视其为推动企业发展的不竭动力。

什么是企业文化呢？一般来说，企业文化是在企业生产经营和管理活动中创造出来的、具有该企业特色的精神财富和物质形态，它包括企业制度、价值观念、道德规范、行为准则、历史传统、企业产品等，其核心是企业缔造的价值观。简而言之，价值观好比是非观，即做什么是有价值的、值得提倡的以及做什么是没有价值的、不值得提倡的。

举例来说，华为公司在创业初期，每个员工的桌子底下都放有一张垫子，这个垫子好比部队里的行军床，除了供员工午休外，更可以在员工晚上加班后方便员工睡觉。这就是后来被人们广泛称道的华为公司的“垫子文化”。“垫子文化”反映了华为公司倡导的“艰苦奋斗”“先苦后甜”的精神。

其实，每个优秀的企业都会在奋斗的历程中提炼和归纳出有本企业特色的文化理念，并积极建设企业文化，用以引导企业的健康发展。

企业文化就要天天讲

我有一个在日本留学的朋友，他博士毕业后，在日本一家比较大的企业工作了若干年，回国后，定居北京，并创办了公司。在他的公司里，每天都有早会，员工们轮流组织早会，并在早会上宣读企业文化，这有效地保障了全体员工每天积极向上的工作状态。

据这位朋友介绍，日本企业普遍设有早会制度，并形成了独特的早会文化。通过早会文化，日本企业在每天工作一开始，就宣传与贯彻企业文化，久而久之，就形成了某种员工精神，这种员工精神往往是企业文化在员工思想中耕耘的结果。一般来说，日本企业所形成的员工精神，主要体现为3个字，即“和”“勤”“忠”。

其中，“和”主要源于中国儒家思想中的“和为贵”，强调员工在共同活动中与他人合作，追求与他人的和谐相处；“勤”则是要求员工努力做好本职工作，扎扎实实、勤勉细致地工作，很多日本企业的勤勉精神是自上而下的，往往是企业管理者上班前在门口迎接员工，做到了“来得最早，走得最晚”，这就好比我上述那位在日本留过学的朋友，每天上班时，他总是第一个出现在公司里，并习惯性地与每一个来上班的员工打招呼；“忠”体现出企业内部上下等级的秩序，从而使全体员工形成一种上下一体感，采取协调一致的行为，在某种程度上，这是对企业忠诚度的一种诠释。

实际上，处于不同文化背景的企业，形成的企业文化往往各有特点，并最终体现为员工具备的某种集体理念和行动。例如，我曾经听说过一家教育集团，在其办公区域，将其企业文化描述为一系列朗朗上口的标语，然后井然有序地张贴在相应的位置，员工每天进进出出都会看到这些标语，这种做法潜移默化地灌输着企业文化理念。

相反，在一些管理欠佳或管理不善的企业中，总是难以听到关于企业文化的宣讲。当然，企业文化除了宣讲，还要能够落实。一般来说，行政部具体负责对企业文化进行多种形式的宣传，从而培育企业文化。

在建设企业文化的过程中，行政部应该怎样使企业文化成为员工的精神理念呢？具体可以采取如下做法。

（1）传递给员工清晰的文化概念。为此，企业文化要用清晰、易记的文字具体地表述出来，让员工掌握企业文化的精髓。

（2）要对企业文化进行细致的阐述。有些企业文化具有理论方面的高度抽象性，这就需要企业进行细致的阐述，便于员工能够有效地消化和吸收。

（3）要通过合理的渠道予以宣传和灌输。公司的网站、内刊、工装、绩效考核体系、人才选拔与晋升体系等，都是进行企业文化宣传的重要渠道。其中，企业的各项制度要成为体现企业文化核心内容的载体。

（4）要在实践中践行企业文化。企业中的各级员工，尤其是高管团队或核心团队、骨干员工，均要在实践中身体力行，用实际行动诠释企业文化，为一线员工和新员工做出表率。在实际工作中把无形的、抽象的企业文化概念进行具体实践，将其转化为实践行为，这是企业文化落地的关键环节。

最后，企业文化就要像汩汩不息的流水，每天都要通过言与行表现出来、践行出来，使其每天都不“断流”。这也是行政管理职能中的一个重要内容。

宣传企业文化的渠道有哪些

企业文化不仅要建设好，还要宣传好，才能真正落到实处。企业进行文化宣传的渠道有很多，我们在此介绍以下3种常见的途径。

1. 加大网络建设，掌控网上舆论阵地

在当今互联网时代，信息传播更加迅速、便捷与广泛，互联网成为影响广泛的新兴媒体，成为宣传企业文化的一个重要渠道。我们要利用好网络媒体资源，充分发挥网络媒体的优势，激发员工的参与热情。

我们要适应网络媒体的互动性、开放性等特点，与员工对等谈话、互动交流，适时发布信息，积极进行跟帖评论，实时发布企业状态，让员工第一时间看到事件动态，保证事件的新鲜性，激发员工参与正面评论的主动性，从而发挥员工的积极作用。

2. 抓主线，用舆论引导人

通常情况下，舆论引导是企业文化宣传的核心和灵魂。我们要想把握正确的舆论导向，就必须牢固树立大局意识和阵地意识，把坚持正确的舆论导向放在宣传工作的首位，准确地及时地宣传和报道企业发展、时事动态、重大决策等与员工息息相关的新闻。

同时，我们还要从舆论多层次、多角度的特点出发，充分利用各种宣传媒介和载体，以企业内部网、报纸、微信、网站、QQ群等新兴媒体为宣传阵地，努力构建定位明确、特色鲜明的舆论引导新格局。

我们还要紧紧围绕企业的中心工作，加大正面宣传和主动引导力度，从不同层面、不同角度宣传企业战略发展、管理创新、科技进步、人才培养、企业文化以及企业涌现出的模范人物、典型事例、好人好事等。在企业内部，要凝聚思想、鼓舞士气、构建和谐团队，有效地形成推进企业发展的强劲动力；对企业外部，则弘扬文化，展示风采，提升企业形象，充分发挥舆论引导和助推作用，为企业发展提供强有力的舆论支持，从而营造良好的发展环境。我们尤其要做好对企业文化及员工文化及生活方面的宣传。

举例来说，当适逢国内一些节假日（如劳动节、国庆节、元旦等）时，企业行政部可以举办丰富多彩的文艺、体育活动，并以此为契机，加大对企业文化的宣传力度，展现员工奋发向上的精神风貌。

另外，我们还要保证企业文化宣传中正确的舆论导向，这就需要宣传工作者自身具备过硬的思想、敏锐的洞察力、良好的业务能力等综合素质。为此，宣传工作者要不断地加强理论学习和业务学习，努力提高新闻写作水平，增强自己的宣传能力。

3．重一线，用舆论鼓舞人

基层一线的声音是新闻宣传的血脉和骨肉。因此，企业的宣传工作，要发出基层的声音、记录一线的事件、展现一线员工的风貌。这就要求企业的宣传工作在充分展现企业大事件的同时，还要充分反映基层员工的小事情，要努力挖掘、发现、传递好广大一线员工的心声。

比如，我们可以把员工爱岗敬业、勤奋学习、团结互助等典型事迹宣传出去，弘扬奉献精神，用广大员工身边的人和事影响身边的人，大力营造比、学、赶、帮、超的工作氛围。在具体的宣传工作中，我们要积极探索宣传工作的新思路和新方法，勇于突破固有的传播理念、模式和机制的束缚，使宣传工作更具亲和力、吸引力和感染力，从而掌握正确引导群众舆论的主动权，努力将企业文化的宣传工作“做新、做活、做亮”，从而给人眼前一亮的感觉。

总之，企业文化的宣传渠道在实际工作中会有很多，企业要积极整合与运用各种有效的宣传渠道，从而让企业文化在企业内部落地生根。

企业网站建设

在互联网时代，网站几乎成为每一个企业的“标配”，是企业不可缺少的网络“阵地”。企业网站是基于互联网技术而建立的对外的宣传平台，是企业的对外名片。一般情况下，企业网站建设工作由行政部负责。

网站在实际工作中起着多方面的作用，不仅可以作为企业重要的宣传工具，还可以作为产品销售的辅助手段。通常情况下，企业网站包含的内容见表10–1。

表10–1 企业网站的内容

序号	主要内容	具体说明
1	企业信息	包括企业简介、组织结构、法人介绍、联系人、联系电话、电子信箱、QQ、微信公众号、地址、邮编等
2	产品信息	全面介绍企业所有产品的信息，最好配备相关的图片资料、视频文件、产品认证、相关知识等
3	服务信息	主要介绍产品的选购常识、产品说明书、客服热线、在线客服等
4	销售信息	企业若进行网上销售，则应列明网上订购的方式、送货信息、售后服务等事项
5	公众信息	主要包括股权结构、投资信息、企业文化、媒体导报及公关活动等
6	其他信息	根据企业需要而发布的信息，如招聘信息、招商信息、疑难解惑等

在进行网站设计时，我们通常要根据建设网站的目的，满足相应的要求，列出网站设计的内容（见图10–1），从而使网站更好地为我们服务。

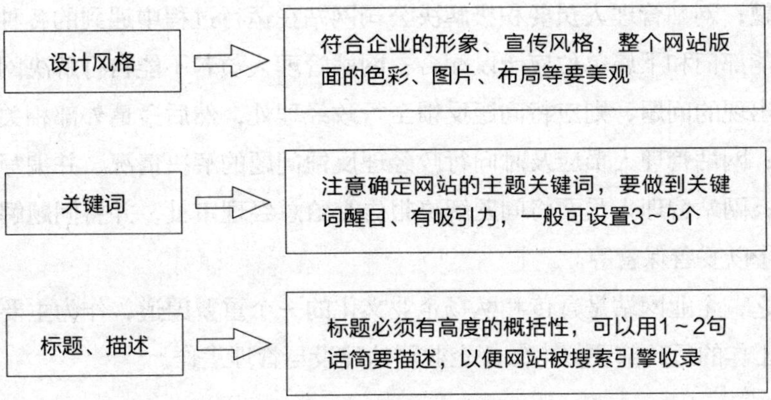

图10-1 网站设计的内容

为了更好地建设与管理网站，行政部还要设定网站管理人员，并明确其责任。通常，网站管理人员的职责如下所示。

（1）负责企业网站的代码维护、用户账号管理和权限管理等工作。

（2）负责信息发布工作，定期更新网站的信息。

（3）与各部门沟通网站相关内容及栏目的建设问题，帮助各部门解决网站的使用问题。

（4）按时做好网站数据的备份工作。

（5）逐步完善企业网站的架构，分期对企业网站的框架、主页进行必要的修改或更新。

（6）建立企业资源库，不断完善资源库并做好备份工作。

（7）在网站的框架、主页被修改或更新后，网站管理人员应对各部门做好相应的培训工作。

此外，在网站内容更新方面，网站管理人员在听取各方面的意见和建议后，要及时更新网站的内容和板式；各相关部门和单位需提供有关资料；网站更新的内容需先报行政经理审核，再呈报总经理审批；网站管理人员将更新的内容及时发布到公司网站上。

最后，网站还要定期维护，这主要表现为：网站管理人员应定期对公司网站进行软件、硬件维护；网站管理人员应及时解决与网站有关的软件、硬件方面的问题；网站管理人员要积极解决公司网站在运行过程中遇到的各种问题，相关职能部门和下属单位应予以配合；网站管理人员若不能自行解决网站运行过程中出现的问题，则应将问题反馈至行政经理处，然后邀请外部相关单位参与解决；网站管理人员应及时向行政经理反馈问题的解决情况，并编写问题解决报告；网站管理人员要将问题解决报告交给总经理审批，并将问题解决报告存档，予以妥善保管等。

总之，企业网站是宣传和弘扬企业文化的一个重要渠道，作为主要负责企业网站工作的行政部要努力做好企业网站建设与管理工作。

企业内刊管理

企业内刊的创办能够推动企业文化的建设，促进文化宣传工作的开展，丰富员工的业余文化生活，加强员工之间的沟通与交流。基于此，行政部可以根据需要设置内刊编辑部，为企业打造优质的内刊提供良好的组织基础。那么，我们如何做才能更好地让企业内刊服务于企业文化建设呢?

1. 文化塑造

企业内刊的总编辑往往是企业文化的塑造者，如企业的CEO或总裁。企业的CEO需要在企业经营运作中利用文化的力量推动企业快速发展，所以企业内刊的总编辑在定位上应是企业文化的塑造人，总编辑要每期都关注内刊的主题及方向，进而以内刊为载体，更好地利用文化的作用推动企业的发展。

另外，我们还可以从办刊理念上完善内刊的定位。企业文化的核心理念、经营理念及宣传理念的不同，会使企业办刊的思路也不同，因此，不能千篇一律地确定办刊理念，而要符合自身的实际需要。

举例来说，有家科技类企业的核心理念是“领行业之先，铸百年之业”，这个理念是企业发展的方向及愿景，再结合其经营理念“质量为本，信誉为基，创新为轮，服务为轴”，那么，该企业办刊理念可以确定的大致的办刊方向是：传播行业先进资讯，让员工了解国内、国外的发展潮流。因为企业要“领行业之先”，就要围绕这一理念将行业发展资讯的内容融入企业内刊中。然后，再将“信誉、质量、创新、服务”的精神内核也作为办刊的主方向，并围绕这8个字再确立内容方向，这样的内刊就具有以服务企业发展方向为主的精神凝聚力，就不会脱离实际的文化需求。

可见，企业内刊在企业文化建设中不仅起到传播文化、塑造文化等作用，还承担着引导方向、凝聚内力等作用。此外，栏目定位及语言风格也要做到润物细无声，从而潜移默化地传播企业文化。

2. 文化约束

企业内刊是向广大员工传递公司发展方向信号的一个窗口，要充分贴近员工的工作及生活，从而使内刊发挥多重作用。企业内刊要发挥承上启下的作用，既承接企业CEO的文化指令，又启发员工的工作思维，不仅是管理中刚性的要求，还是管理思路中的柔性诉求，并发挥柔性的约束功能，填补管理制度中的不足，将企业发展过程中一些不便于用制度约束，也不便于用制度实现的行为诉求，通过企业内刊的思想约束功能完成。

举例来说，在很多企业的员工宿舍里，节约用水是一个管理中的难点，虽然很多企业做出了关于节约用水的种种规定，但在落到实处时，要想真正实现节约用水，还要靠广大员工的自觉。在这种情况下，企业内刊就可以发挥文化约束的作用，比如在内刊里开设一个节水论坛，以大家参与发表意见的形式进行，或者引用国家水资源管理的文章进行感召，让员工自觉感受到节约用水既是文明又是美德，从而充分利用内刊的文化约束作用完成管理中难以完成的任务。

总的来说，内刊就像企业的喉舌，它应该展现企业和企业员工的精神、信念，是企业的一个窗口，所以内刊的内容要讲一些实在的东西，这样才有人看，让人觉得值得一看。一份好的内刊应具备这样几个要求：内刊在排版、设计、形式方面做得尽可能美观，给人以直观的美感和享受；内刊要有观点，让读者受到启发，并觉得耳目一新，能学习到一些新观点、新知识；企业内刊要尽量保持中立，谈到企业的问题时要客观地进行分析，不要加入太多个人好恶色彩，不能过于强化刊物意志和编辑的个人意志；企业内刊要明确定位，考虑受众群体。

员工提案管理

员工提案管理是企业增强内部沟通和信息交流的重要途径，也是企业文化建设中的重要内容。我们在此以某公司的《员工提案管理办法》为例，了解企业如何进行员工提案管理。

员工提案管理办法

1. 目的

为了推动公司发展，鼓励全体员工提出合理化建议，发挥个人才智与经验，调动员工的积极性、主动性和创造性，特制定本办法。

2. 提案建议人资格

（1）凡本公司员工皆可提出建议。

（2）建议需以个人或数人提出。

3. 提案建议方法

（1）提案建议人填写规定的“提案表”，自行投入建议箱或递交到行政部办公室，或者公司邮箱。

（2）“提案表”必须填写以下主要项目。

① 案由（概括地、明了地写出建议主张的内容）。

② 原有缺失（具体说明现状）。

③ 改进意见和方法，即详细说明改善的具体办法，包括方法、程序及步骤。

④ 预期的效果，即详细说明提案经采纳后，可能获得的成效，包括提高效率、简化作业、增加销售和降低成本等。

（3）提案内容不需获得各级负责人的许可。

4. 提案范围

（1）提案内容为有利于改进和完善本公司有关生产和经营管理等方面的具有建设性及具体可行的改善方法和措施。

① 各类操作方法、工作程序、销售方法等的改善。

② 有关折本维修保养的改善。

③ 有关提高工作效率、节约耗材等。

④ 新工艺的研发、设计等。

（2）提案内容如属于下列各项范围，则为不适当的提案，不予受理：攻击团体或个人的提案；诉苦或要求改善待遇。

5. 成立审议组及相应职责

（1）公司为审议员工提案设置提案审议小组。小组由下列人员组成。

组长：董事长。

副组长：总经理（或是与提案内容有关的主管或副总）。

审议组成员：每次指定中层管理人员3～5名担任。必要时，审议组组员与组长在商洽后邀请与提案有关的业务负责人出席或交付有关部门按计划同时调查、分析。

每次审议组人选经公司办公例会确定。

（2）审议组的职责。

组长的职责：主持审议组议事。组长有事时，由副组长代理。

组员的职责：组员须出席提案审议会，并公正地、迅速地进行审查，以决定是否采用。

6. 奖励

为了鼓励员工向公司提出更多、更好的建设性意见，公司应按“提案奖励执行标准”予以奖励。奖励的执行标准见下表。

提案奖励执行标准

等级	评分标准	奖金
一等奖 二等奖 三等奖	具有独创性及经济价值，并可实施，根据其成效可以划分为三个等级	2 000元 1 500元 1 000元
创意奖	提案本身可以实施，目前限于客观条件暂时无法实施，或因提案获得有益的提示	200元
鼓励奖	建议人已经努力，但不能够实施的	通告表扬

7. 提案处理

（1）采用的提案。审查小组除通知原提案人外，还需填发《提案实施通知》，分发各有关部门，开始实施，并对实施成效进行检查。

（2）未采用的提案。由行政部将原件发还原提案人或电话告知提案人，并要据实委婉地说明理由。

（3）保留的提案。须经较长时间考虑的，先将保留理由通知提案人。

8. 成果的考核

（1）成果的检查。

各实施部门应认真执行准备实施的提案，完成后应填写“提案改善成果报告表”，报呈直管副总核定后，转呈审议组各成员，经3个月的考核，并予评分后，再呈于提案组长。

提案审议组依实施部门所报的“提案改善成果报告表”及“提案评分表”详细做出审查核定。

审议小组考核完成后，对达成任务良好的实施部门或实施不力的部门，给出奖惩意见。

（2）经核定给予奖励的提案，应在公司宣传栏中给予表扬。

（3）有关部门根据创意奖研究结果，在对公司产生有益效用时，应颁奖给该部门，其奖金由审议组核定。

9. 本制度自颁布之日起生效

上述《员工提案管理办法》仅供大家参考，行政人员在工作中可以根据实际需求予以调整和补充。

员工活动管理

在企业文化建设中，行政部可以定期或不定期举办各类员工活动，这不仅可以丰富员工的日常生活，还可以增强员工的团队意识和归属感。我们在此以某公司的《员工活动管理办法》为例，了解企业在员工活动管理方面的有关细则。

员工活动管理办法

1. 目的

（1）体现公司的福利机制，丰富员工的业余生活，促进沟通，加强团结。

（2）规范活动经费标准和申请报销流程。

2. 适用对象

适用于公司所有员工。

3. 经费标准与条件

（1）费用标准。

经费标准

<table>
<tr><th>活动类别</th><th>活动频度</th><th colspan="2">经费标准</th><th>其他条件</th></tr>
<tr><td rowspan="2">部门级活动</td><td rowspan="2">季度</td><td>聚餐类：50元/人</td><td rowspan="2">二选一</td><td rowspan="3">需提供正规消费票据</td></tr>
<tr><td>拓展/户外活动类：65元/人</td></tr>
<tr><td>公司级活动</td><td>半年度</td><td colspan="2">行政部统一筹备，标准另行申请</td></tr>
</table>

（2）活动时间。

部门级别活动频度为每季度一次，可优先选择元旦、端午节、中秋节、国庆节等节日附近日期或适合户外活动的最佳季节。

4. 操作流程

具体如下：

部门负责人填报“活动申请表”→行政负责人初审→财务部会审费用→主管副总审批→总裁核准→部门负责人依规定借款→活动举行→部门负责人依发票报销。

5. 员工外出集体活动

（1）员工外出集体活动应遵守的基本原则。

安全第一，预防为主。

业务对口，工作需要。

量力而行，勤俭节约。

统筹安排，规范有序。

统一管理，分级负责。

（2）外出集体活动的类型及限定范围。

① 聚餐活动。其限定范围为周年活动庆典等聚餐活动。该活动由实施部门报公司分管领导批准后执行。

② 业务考察。其限定范围为实施改革、发展经济、采购物资、开展建设等业务工作的前期考察活动。该活动原则上年初制订计划，在需要时临时追加计划，实施时由实施部门编制详细方案，经报批后执行。

③ 形势和传统教育。其限定范围为改革发展形势和革命传统主题教育活动。该活动按照全员每2～3年一次的标准纳入年度学习考察计划，其中，妇女、中青年可以分别在三八妇女节、五四青年节前后安排，实施时由实施部门编制详细方案，报公司分管领导审核，经总经理批准后执行，并报行政部备案。

6. 相关规定

（1）所有活动申请以部门为最小单位，该部门负责人为活动的第一筹备者、执行者和风险管控者。

（2）申请拓展或户外活动的部门，应在“活动申请表”递交的同时，提供相应的活动策划书、安全保证书，以便进行查核、审批。

（3）所有活动的福利对象是公司的在职员工，公司只支付此部分人的费用。未经批准擅自将经费给非本公司员工用的，此部分费用全额由部门负责人个人统筹支付。

（4）所有活动必须至少提前一周申请，且不得影响正常工作的运营，不能占用正常的工作时间。

（5）活动中必须注意安全，相互协作，相互友爱，因员工个人原因造成的事故，由员工个人承担。

（6）活动经费报销依据以实际发生额为准，剩余部分可供下次使用，超支部分全额由部门负责人安排参与员工自付。

7. 其他

本管理办法经公司管理层讨论通过，自CEO签署批准之日起生效。此前颁布的管理办法中有与本管理办法相冲突的即行废止。本管理办法的日常解释由行政人事部负责。

上述《员工活动管理办法》仅供大家参考，行政人员可以根据实际需要进行调整和完善。

企业文化建设方案

在当今知识经济时代，企业之间的竞争，在某种程度上是企业文化的竞争。企业文化是企业综合实力的一个重要体现，是一个企业文明发展程度的反映，也是知识形态的生产力转化为物质形态生产力的源泉。一个企业要想在激烈的市场竞争中取胜，并做大、做强，实现企业的可持续发展，就离不开对“用文化管企业”“以文化兴企业”理念的践行。

基于此，越来越多的企业重视推进文化强企战略，努力用先进的企业文化推动企业的发展，增强企业的创造力、形象力与核心竞争力，从而营造“企业有生气、产品有名气、领导有正气、职工有士气”的良好发展环境。

由于企业文化的建设往往是一个系统性的工程，因此需要具备完善的方案。我们在此以某公司的企业文化建设方案为例，了解企业文化建设的相关内容。

1. 总体目标

建设企业文化的总体思路是为了提升企业管理水平和员工队伍的整体素质，完成公司战略发展规划涉及的目标要求。以某企业为例，该企业建设企业文化的总体思路为：主攻精神文化，规范制度文化，推进行为文化，提升物质文化。

主攻精神文化，主要是通过全员讨论企业文化，挖掘和弘扬企业精神内涵，形成全体员工共同遵守的企业价值观和企业理念，从而塑造企业的“灵魂”。规范制度文化，主要是建立规范的、完善的制度体系和科学有效的考评机制，加大制度文化建设力度，使之导入科学化管理轨道，从而有效规范企业的管理行为，提高企业管理的科学化水平。推进行为文化，主要是大力推进“5S”行为管理标准，建立并完善《员工行为规范》，并抓好推进与落实。提升物质文化，主要是运用物质形象建设手段，营造企业整体文化氛围，从而提升企业的整体形象。

2. 指导思想

坚持“以人为本”的管理思想，积极探索新形势下企业文化建设的规律，构建符合时代需要、符合现代企业制度需要、符合企业个性化需要的文化体系，为增强企业核心竞争力、提高企业经济和社会双重效益而营造良好的文化氛围和提供强大的力量源泉。

3. 建设原则

（1）以人为本。

企业要把人视为最重要的资源，通过尊重人、理解人激发人的热情，开发人的潜能，极大地调动人的积极性和创造性，从而使企业的管理更加科学、更有凝聚力。因此，企业要力争做到每一个环节都有员工参与，每一项政策都要力争获得广大员工的认可，形成一个全员参与、相互交融的和谐局面，实现员工价值与企业发展的有机统一。

（2）讲求实效。

企业在进行文化建设时，要切合实际，符合企业定位，一切从实际出发，切忌形式主义，要实事求是地推进企业文化的塑造，建立行之有效的企业文化体系，确保物质、行为、制度、精神四大要素协调发展，注重实效，从而使企业文化建设更好地为企业的科学管理和发展服务。

（3）领导率先垂范。

在企业文化建设中，企业领导者与管理者务必率先垂范，这是因为，企业文化在很大程度上表现为“企业家文化”。从某种程度上来说，企业文化是企业家理念的生活，企业家是企业文化的倡导者、缔造者、推行者。因此，要确保企业文化的贯彻和落实，企业的各级领导者和管理者要明确自己的角色定位，承担起应负的责任，树立榜样，努力调动全体员工的积极性和创造性，从而依靠全员的力量建设企业文化。

（4）突出特色。

通常情况下，企业文化是在一定文化背景下形成的、具有企业自身鲜明特点的管理文化，因此，在企业文化建设中，要营造出适应当今时代要求的，能够促进企业整体素质提高、健康发展的，具有本企业自身鲜明特色的企业文化。

（5）系统运作。

企业文化的建设是一项长期性、战略型的系统工程，难以一蹴而就，为此，企业要有长远的时间观念。企业文化是为企业“铸基”和“铸魂”的工程，因此它的建设是一个渐进的过程，需要运用系统性的思维，搞好整体设计，分步推进、分层次落实，最终将企业文化建设落实到实际工作中。

（6）追求卓越。

联想集团创始人柳传志曾说过，企业文化的立意务必要高。诚然，企业文化从整体上追求卓越，会在无形中激励广大员工追求卓越、崇尚革新、与时俱进，从而促进企业文化的健康发展。

4. 目标要求

企业的目标规范通常分为远期、中期、近期进行规划，并从物质文化、行为文化、制度文化、精神文化四个方面整体推进、系统运作，从而构建一个切合实际、科学合理、便于操作的企业文化建设规划体系，并把规划纳入企业发展战略，使之成为企业整体规划的一部分。

其中，物质文化是企业生产、经营和文化娱乐等方面的环境、条件、设施等物质要素的总和；行为文化是指企业员工在生产经营和人际关系中产生的活动文化；制度文化体现了企业在管理过程中的规范化，并影响企业行为；精神文化主要包括企业精神、价值观、管理信念、用人之道等，并成为规范企业和员工行为的准则。

5. 推进方法

（1）在推进企业文化建设的过程中，我们要坚持从总体上抓体系，在推进中按步骤，在实施中做到实用和有效，并配合企业发展战略的实施，整体向前推进。

（2）由于人们对文化的认识和接受需要一个过程，甚至存在模糊认识的情况，因此我们要做好企业文化知识的培训，确保企业文化在全体员工中得以贯彻和执行。

（3）建立并健全企业文化建设的领导体制，明确负责人、主管部门及工作人员，形成企业文化建设方面的考核评价和激励机制，把企业文化建设纳入企业经营者业绩考核体系，定期对企业文化建设的成效进行考评和奖惩。强有力的组织机构和有效的考评机制可以为企业文化建设提供组织性与制度性保障，也为企业文化建设的扎实推进奠定基础。

6. 实施步骤

我们要积极归纳、提炼与充实企业文化的精神内涵，采用各种形式，广泛动员，通过举办培训班、召开企业文化研讨会、经验交流会等对企业广大员工，特别是各级管理者进行企业理念、行为规范的培训；同时，通过策划大型活动、广告宣传、公关策略等方式，大力展示企业形象及企业文化。

最后，企业文化是企业长期性的战略任务，随着时间的推移，企业文化的具体内容需要根据企业内、外部环境的变化予以及时、必要的调整，从而做到与时俱进、开拓创新。

做一个受人尊重的企业

在企业发展过程中，“做一个受人尊重的企业”正成为越来越多的企业的发展目标之一。一个受人尊重的企业，除了在诚信、价值和责任上的孜孜以求外，一定也不忘对企业文化的建设与弘扬。那么，企业是想得到谁的尊重呢？

通常情况下，与企业发生接触的各类对象主要有：客户、员工、股东、竞争对手、监管机构、国内外的政府组织以及非政府组织和利益团体。能够获得各方的尊重，是企业孜孜不倦地追求的一个目标。然而，企业往往又面临内外部资源的限制，这就使得企业设置“获得尊重”的优先顺序、并考虑其中的相关性就变得很有必要。比如，企业在赢得一方尊重时，将如何强化在其他方心目中的地位？

万事万物都有内因和外因，企业要想受人尊重，不仅要得到企业外部团体的尊重，更重要的是要先得到企业员工的尊重。很难想象，一个企业连自己员工的尊重都得不到，又如何能够获得大众的尊重，这样的企业文化又如何能够赢得人们的青睐？企业一旦赢得了员工的尊重，员工就会自觉地将自己的前途、命运与企业的发展紧密联系在一起，从而自觉执行公司的各项规章、制度，充分发挥主观能动性，积极做好本职工作，与企业同甘共苦、共谋发展。

实际上，企业文化的建设过程，不仅是一些宣传性口号，更多的是一些切实的行动。接下来，我们分析企业如何对内获得员工的尊重，如何对外获得外界的尊重以及受人尊重的企业具备什么样的特点，从而便于企业向“受人尊重的企业”迈近。

1. 要对内获得员工的尊重

（1）铸造企业精神。日本著名企业家稻盛和夫说：“经营企业就是经营人心。”为此，企业要倡导“诚信、文明、创新、卓越”的优秀企业文化，并将其落实到每个员工的心中，激发员工的内在动力。

（2）完善企业制度。企业要以规范化、科学化、法制化为标准，建立较为完整的内部制度体系，从而使员工在各项工作中均有章可循；企业还要不断完善员工的生活福利及后勤保障，从而增强员工的安全感、归属感。

（3）加强业务培训。为积极应对日益复杂的竞争环境，确保与市场零距离接触，企业要“重育才、共命运”，采用“请进来”和“走出去”的方式加强对员工在企业内部与外部的培训，让员工在理论和实践两个方面得到双提高。

（4）积极开展文体活动。企业通过组织与开展各类丰富多彩的文体活动，有效发挥文化陶冶情操、凝聚人心的作用。

（5）激励机制。企业内部要做到奖罚分明、公平正义，努力营造“福利诱人、感情暖人、文化造人、事业留人”的发展环境，从而使企业的每位员工都能知道自己的职责所在，努力完成企业给予的任务，形成员工尊重企业、企业爱护员工的良好局面。

2. 要对外获得外界的尊重

（1）把敬业当成习惯。企业要倡导全体员工养成敬业的习惯。所谓敬业，就是要敬重自己的工作。为此，在对待客户的时候，企业员工应该有敬业的精神，除了做好本职工作，还要力所能及地做一些分外的事情，从而让客户感受到企业服务的周到，感受到员工的尽职尽责，从而加深客户对企业的好感。

（2）具备空杯心态。所谓空杯心态，并非一味地否定过去，而是怀着否定、放空过去的态度，融入新的环境、对待新的工作。无论企业在过去取得了多少辉煌，都不要骄傲，企业的全体员工仍要持有虚心接纳的态度，不断学习，持续增强自己的服务能力。

（3）维护企业的正当权益。企业在对外交往中，守护和争取自己的正当权益，保证自己服务的品质，尽力把应做的工作做好。

（4）确保良好的人际关系。企业与外界的接触，通常是企业员工与外界的接触，为此，企业员工要努力保持良好的人际关系。因此，员工一定要信守承诺，这也是做人的基本原则，不要失信于人，务必讲究信誉。只有这样，才有可能赢得客户对企业的尊重。

企业要想获得内、外的尊重，就需要能够平衡各方利益相关者之间的关系。

3. 受人尊重企业的特点

（1）拥有科学的管理方式。一个受人尊重的企业，必然具备科学的管理方式，整个企业运营正常。这是企业开展其他工作的基础。

（2）和谐的客商关系与客户的信任。在现实中，很多优秀的企业为客户提供了优质的服务，与客户之间建立起了足够的信任。优质服务是企业的生命线，也是获得客户口碑的基础，有利于扩大企业的知名度，改善企业的形象，为企业的长远发展注入新的活力。企业通过优质服务赢得客户的尊重，会让客户对企业充满信任感，并能够理性地面对企业的成功与挫折。

（3）业务和技术上的创新。企业应该根据客户的需求，不断开展创新活动，改进客户的体验，从而在客户心目中树立创新的意识。举例来说，乔布斯创立的苹果公司在市值方面不断增长，一个重要原因在于苹果产品不断创新，给用户带来更好的使用体验，赢得了用户的广泛好感。

（4）具有良好的经济效益。企业的本质是追求经济效益的最大化，只有在企业具备一定经济效益的基础上，才能切实提高员工的生活水平和生活质量，企业才能提供更多的就业机会，从而使企业发展进入良性循环。

（5）具有长远的发展潜力。发展潜力是衡量企业具备可持续发展程度的重要评价指标。企业的发展潜力是企业可预期的价值生产能力，是企业能为消费者带来潜在效用以及企业实施可持续发展战略的效果展现，也是企业吸引人才、增强核心竞争力的价值体现。

（6）与合作伙伴互利共赢。合作伙伴是企业的利益共同体，企业应该意识到与合作伙伴之间一荣俱荣、一损俱损的利害关系。为此，企业要尊重合作伙伴，与合作伙伴建立基于价值认同的相互信任关系，建设互利共赢的协同发展关系，形成发展共识，凝聚发展合力，创造广阔的发展空间，进一步提升双方的品牌形象和社会影响力。只有这样，企业才有可能获得合作伙伴的尊重，企业也才能走得更远。

（7）加强企业品牌建设。一个赢得社会尊重的企业，本身就是一个优质品牌，也必然有优秀企业文化的积淀。因此，企业要具有品牌意识，努力塑造企业良好的形象，推动企业和谐发展，不断提高企业的经济效益和社会效益。

（8）树立良好的企业形象。俗话说“人不可貌相”，可在现实中，一个人的外部形象在很大程度上影响着人们的判断。其实，企业同样如此。为此，企业要倡导全体员工注重礼貌，提高综合素质，同时企业的各项硬件指标也要努力展现企业的良好形象。

（9）打造公平、诚信的市场形象。公平诚信是企业发展的道德准绳。对一个企业来说，诚信是灵魂和生命，是企业生存和发展的永恒动力，也是企业赢得尊重的道德基础。只有讲诚信的企业，才能最终成功，并能在市场竞争中占领制高点，赢得社会的美誉。因此，长期坚持诚信的企业，必将拥有一批忠诚度极高的客户群，并从中获得良好的信誉和口碑，从而促进企业更好地发展。

（10）积极承担社会责任。通常情况下，企业的受人尊重、受人尊敬往往与社会责任联系在一起，可见，一个受人尊重的企业必然会在社会责任方面积极担当。当然，企业在积极承担社会责任的同时，要将创造长期利润视作首要目标，这样才会使承担社会责任具有可行性。

每个企业在成立之初无不怀有崇高的愿望，其中一个重要的愿望就是能够努力推动社会进步，做个受人尊重、受人尊敬的企业。这本身就是企业文化长期追求的一个目标。当然，“千里之行，始于足下”，企业的目标无论多么美好，都仍要通过现实中的努力实现，其中行政部就承担着实施与执行的重要工作使命。

范本一：稿件奖励办法

公司网站和内刊投稿奖励办法

为加强企业文化建设，加大公司对外宣传力度，调动公司全体员工参与网站更新和内刊发行的积极性，激发员工的岗位主人翁精神，大力宣传本公司及所在部门的先进典型、部门动态、经验总结和各种专业性论文，鼓励大家积极参与并提供相关稿件，扩大公司的社会影响力，特制定投稿工作奖励办法。

一、奖励对象

所有向公司网站、内刊投稿并被采用的公司员工。

二、稿件要求

稿件需为电子版，书写时应采用文明用语，语言流畅，叙述清晰，用词精准，具有一定文采为佳。尽量图文并茂，配合相关照片，一起提供。所提供的照片应画质清晰、构图合理、画面端正。

三、稿件类型

（1）活动稿件：针对公司开展、举办或参与的某项活动，所提供的稿件需体现活动名称、时间、地点、活动主要成员、活动目的、活动特点（可简述）等。

（2）专题稿件：针对某项事务、某项成果等，进行专题报道或宣传，所提供的稿件对事物的描述要清晰、完整，而且要具有明显的正面宣传特质。

（3）特色稿件：针对一些好人好事、优秀作风、表彰表扬、工作中实际发生的趣闻趣事等的宣传报道，所提供的稿件应内容正面、积极，文字叙述应清晰，并且在当事人知情并同意的情况下供稿。

四、稿件审核

员工拟发布的稿件整理完毕，需经所在部门负责人审核，在确认内容无误后，交由行政部新闻办公室审核稿件格式，无误后办理发稿审批，并通过网站或内刊予以发布。

五、网站投稿要求及奖励办法

（1）公司网站投稿内容要求采用图文结合的形式，文字内容积极向上，如实反映公司或行业动态，把握动态稿件的时效性；针对技术或其他方面的论文稿件，要做到观点明确、语言严谨、数据准确；图片要清晰、美观。

（2）公司动态类稿件被采用的，每篇奖励投稿人50元。每季度投稿被采用不到10篇的，给予品绩考评加2分；超过10篇的，加3分。论文稿件被采用的，奖励投稿人200元，被其他专业性网站转载的，再奖励200元，每季度投稿被采用超过3篇的，给予品绩考评加3分，超过5篇的加5分。

（3）公司动态投稿必须及时、准确、图文并茂，必须为原创；行业动态投稿可以为转载，但必须注明稿件来源和作者；论文著作投稿必须是原创，不得抄袭，否则，由当事人承担一切与法律有关的责任。

六、公司内刊投稿形式和奖励办法

（1）公司内刊投稿形式不限，内容要求积极向上，符合公司的企业文化要求。内容可以为反映部门取得的成绩、员工之间相互配合完成工作的案例及分析、团队配合工作体会、企业文化学习的心得体会、工作中的感悟等。题材不限制，可以为诗歌、散文、议论文、应用文、小说、摄影等。

（2）被内刊采用的投稿，每篇奖励100元，每期被同时刊载2篇以上的，每篇奖励200元，并在季度考核中加2分。

（3）公司内刊的稿件必须全部为原创。

七、网站、内刊投稿由两人以上合作完成、并被采用的，奖励由合作人协商分成

八、本办法自下发之日起执行

______年____月____日

范本二：员工活动安排表

________公司员工活动安排表

时间	活动项目	组织部门	频次
每季度末	员工生日会	工会	季度
春节前	年终晚会	行政部	年度
“三八妇女节”前后	妇女节关爱妇女健康活动	工会	年度
五月	端午节送粽子活动	工会	年度
六月	周年庆	行政部	年度
中秋节前	送月饼	工会	年度
九月	重阳节户外登山	行政部	年度
十月	秋季运动项目比赛	工会	年度
十一月	管理层年会	行政部	年度

后记

有井水处就有行政管理

“今宵酒醒何处？杨柳岸，晓风残月”，这是北宋著名词人柳永《雨霖铃·寒蝉凄切》中的词句。柳永一生创作了多篇脍炙人口、家喻户晓，甚至流传千古的诗词，比如《蝶恋花·伫倚危楼风细细》《少年游·长安古道马迟迟》《鹧鸪天·吹破残烟入夜风》《玉女摇仙佩·佳人》等，这些词作清新温婉、触动人心，深受大众欢迎，北宋时期一度出现“凡有井水处，即能歌柳词”（柳永的诗词）的盛况。那么，这里为什么要说“凡有井水处”呢？因为在我国古代，有井水的地方，就意味着有人群聚集和活动，就会有“江湖”，就会形成“社会”，就会传颂柳永的诗词，可见“柳词”在北宋时期的普及之广。

同样，行政管理作为一项普遍存在的职能，只要有人群聚集和活动，就不可避免地存在组织机构，就会有行政管理的存在，否则，人类的社群组织将会变得杂乱无序，组织也将无法完成预期的目标。古今中外，任何事业的成败，都不同程度地与管理成败密切相关。卓越的行政管理能力能为组织缔造一个又一个传奇。

比如，既是乔布斯的好友又是苹果公司联合创始人的沃兹尼亚克曾公开表示：“史蒂夫（指乔布斯）从未写过代码。他不是一名工程师，没有做过任何原创设计，但他拥有的技术足以修改、调整、补充其他设计。”其中，乔布斯掌握的“技术”，在很大程度上与其出色的行政管理能力是分不开的。乔布斯运用这种“管理技术”将众多工程师高效地组织起来，研发出了一系列畅销世界的苹果产品。

有人群的地方，有“社会”的地方，有“江湖”的地方，就会有组织机构的存在，就离不开相应的管理，尤其是行政管理。从这个意义上看，我们才说：有井水处，就有行政管理。

由此可见，行政管理不仅是需要掌握的一项重要工作技能，还是日常生活中需要具备的一项基本素质。

最后，希望每位读者都能从本书中获益，都能对行政管理具有新的认识，都能不同程度地提高自己的行政管理素质和能力，并且获得喜人的进步！

谢谢！

肖文键

2016年10月19日